从不会说话到演讲高手

北北 ◎ 著

内容提要

奋斗在职场,不论是作为员工还是作为领导者,表达自己的想法、与他人有效地沟通以及通过演讲展示自己,都是必要且重要的。有些人不喜欢说话,与他人交流时会紧张和恐惧;有些人急于表达自己,却因为找不到合适的切入点而无从下手,这些都是不会说话的表现。作者北北解锁了演讲高手的21种必备技能,告诉我们如何演讲,如何掌控每一个沟通瞬间,从而让我们得到他人的尊重及认可,获得更多的机会,甚至改变我们的命运。本书适合所有"不会说话"及想改变自己的人阅读。

图书在版编目(CIP)数据

从不会说话到演讲高手 / 北北著. — 北京:北京大学出版社,2021.1
ISBN 978-7-301-31824-9

Ⅰ. ①从… Ⅱ. ①北… Ⅲ. ①演讲 – 语言艺术 Ⅳ. ① H019

中国版本图书馆 CIP 数据核字 (2020) 第 216381 号

书　　名	从不会说话到演讲高手 CONG BUHUISHUOHUA DAO YANJIANGGAOSHOU
著作责任者	北北 著
责任编辑	张云静　孙宜
标准书号	ISBN 978-7-301-31824-9
出版发行	北京大学出版社
地　　址	北京市海淀区成府路 205 号　100871
网　　址	http://www.pup.cn　　新浪微博:@北京大学出版社
电子信箱	pup7@pup.cn
电　　话	邮购部 010-62752015　发行部 010-62750672　编辑部 010-62570390
印刷者	三河市北燕印装有限公司
经销者	新华书店
	787 毫米 × 1092 毫米　32 开本　8 印张　262 千字 2021 年 1 月第 1 版　2022 年 1 月第 4 次印刷
印　　数	22001—25000 册
定　　价	49.00 元

未经许可,不得以任何方式复制或抄袭本书之部分或全部内容。
版权所有,侵权必究
举报电话:010-62752024　电子信箱:fd@pup.pku.edu.cn
图书如有印装质量问题,请与出版部联系,电话:010-62756370

序言

PREFACE

演讲，是每个不甘平庸的人都应具备的能力

提到演讲，你会想到什么？是否会想到电视节目里那些在公众面前的分享？他们的表达精练有力、直击人心，这时你是否会想："明明我自己也是那么想的，但为什么不能像他们一样表达出来呢？"

很长时间以来，人们眼里的优秀人才的典型特征是，话不多、踏实肯干、任劳任怨，而口才好、能说会道反而被认为是做事不靠谱的表现。所以很多人严重低估了演讲表达对人生的帮助。

为什么有的人能带领团队完成急难险重的任务，自己累得半死，下属还不满意？原因就是他的价值和影响力没有被传递出去。

在这个信息量爆炸、充满不确定性、时间高度碎片化、任何事情都强调效率的时代，人们已经没有多少耐心去慢慢了解一个人了。如何让别人快速了解我们的想法，然后与我们产生共鸣、达成共识呢？我想，一场好的演讲就是最有效率的方法。

很多著名的演讲都为大家所熟知，比如马丁·路德·金的《我有一个梦想》，把美国黑人的民权运动推向高潮；乔布斯在第一代 iPhone 发布会上的演讲，不仅宣告了一款创新产品的发布，更标志着人类进入移动

互联网时代。

有的东西就是这么"奇葩",拥有它你不一定会成功,但没有它你却一定会失败。就像你要去马尔代夫旅游,你带上了波西米亚裙子、太阳镜、防晒霜、自拍杆,甚至带了翻译机和老干妈,但你到机场时却发现没有带护照,然后不得不延迟或取消行程。你看,有护照不能保证你拥有一段奇妙的旅行,但没有护照却能使你的所有旅行计划都化为泡影。

演讲也是如此。良好的演讲能力不一定能保证你成功,但在关键时刻没讲好,就会让你错失机会,与人生巅峰擦肩而过。

很多人对演讲有两大误解,第一个误解是,话多的人,表达能力也强。其实不是这样的。有的人说起话来滔滔不绝,但这并不代表他的语言表达能力强。

我自己就是一个活生生的例子。我能口若悬河地和别人聊几个小时,在几百人面前讲3~4个小时的大课也轻松自如。但有一次我去参加专业的演讲训练营,我的演讲稿改了十几次,但最终站在舞台上时,灯光一照,音乐一响,我就呆若木鸡,不知所云了。所以,话多、爱表达和能做好演讲是两码事。从知道怎么做,到做得好,再到持续做好,中间要跨越多个鸿沟。

第二个误解是,多练习就能成为高手。没有专业指导和正确反馈的练习,一开始也许会有些效果,但很快就会变成低水平的重复,很难再提升。而且更可怕的是,自己通常难以察觉到这一点。

我从小到大都是学校里的乒乓球高手,在大学里,我们系也没有人能超过我。但有一次我去体校采访,和一个4年级的小学生打了一局,我连一个球都没接到。为什么呢?因为业余练习是以赛代练,缺乏练习强度和专业反馈,基本停留在一个水平上。而专业练习是系统化分解动作的刻意练习,并且是高强度的练习。体校的学生,仅仅是发长球这一个动作,可能就得练几千个小时,可想而知,我们的实力不是一个量级的。

我在电视台做节目导演十多年,工作中的大部分时间就是和主持人沟通怎么在镜头和舞台上更好地表达。一位好的主持人是节目的灵魂,要有优秀的语言驾驭能力、出众的形象气质、良好的应变能力……很多人认为这是天赋使然,这也是一个很大的误解。优秀主持人呈现出来的一切都源于自律和大量的刻苦练习,纯正标准的普通话需要日复一日地练嗓,保持良好的体形和嗓音需要运动和克制饮食,外在气质来自广博的知识底蕴,临场应变能力需要思维能力和表达能力高效配合。

我初识北北时,得知她是金话筒奖获得者,我作为一个资深电视人,自然知道其中的分量。这是广播电视节目主持人的最高荣誉,很多主持人一生的梦想就是能拿到一次金话筒奖。

我知道北北一直在做演讲的线上和线下训练营,有非常丰富的教学经验。我自己也在从事线上教学设计工作,我经常强调,课程要让学员听得懂、学得会、用得上、有效果。在我看来,学习一项技能,关键是要选对老师,要看老师的专业水平,看他是否有扎实的理论功底和丰富的实践经验,以及是否有一套行之有效的练习方法。北北写的这本《从不会说话到演讲高手》系统地阐述了理论和实践方法,列举了一些演讲的典型场景,分析了演讲的核心问题,读完后可以实现举一反三的效果。

书中的"要点提示"梳理了学习要点,相当于帮读者做好了笔记;"高频问题答疑"是线上教学常用的方法,很有针对性和实操性;"小测试"和"课后作业"强化对内容的输出,形成闭环,能够大幅度提升学习效率。

在这个智能化的时代,物质已经不再稀缺,人们追求的是更有意义的生活。这个时代的主角是创作者，是有创造力、具同理心、能为事物赋予意义的人。而演讲，是这个时代中每一个不甘平庸的人都应具备的能力。希望你能通过演讲的方式，把你对世界的理解、你的理念、你的价值观传递给他人。

期待你取得良好的学习成果。

沈攀

混沌大学创新领教、导演、资深电视媒体人

前言
FOREWORD

用好好说话,获得对生命的掌控感

我是一个坚信"演讲改变命运"的人,当我遇到人生的重大机遇时,是演讲能力助我乘风破浪;当我面对人生的至暗时期时,也是演讲能力带我脱离泥潭。

"好好说话"这件事,让我实实在在地获得了对生命的掌控感。

过去的 20 年,我一直是一名"职业说话人"——电台主播,每天在电波中和听众"空中相会"。20 年前还没有社交软件和网络综艺,电台女主播的陪伴是很多人心中的温暖记忆。那时评价一个主播有没有号召力,主要靠听众来信和热线电话的数量。在长达几个小时的直播里,如何抛出"接地气"的话题,让人人都有话可说?在接听热线电话与听众进行互动时,如何给听众带来收获?一个城市中有接近 30 个电台在同时直播,怎样才能让听众坚定地留在我这个频道,成为我的"铁粉"?这是我每天都在思考的问题。

那时候电台工作量很大,每次有主播生病或者出差,我都会主动做替补,节假日、台风天也未曾休息。每一次替班"解锁"新的节目形式,我都用磁带把自己的直播录下来,回到家里反复地听,跟原班主播对比,然后进行复盘,帮自己找出问题。

在20年残酷的行业竞争里，我也踩过很多"雷"，掉过很多"坑"，从"血淋淋"的教训中一点点提炼经验，才得以从一个普通大学法律专业的"小白"，蜕变成中国播音主持界最高奖项——"金话筒"奖的获得者。

后来我离开体制，成为一名知识付费领域的创业者，我的第一个演讲类知识付费产品就突破了4万份的销量，位列某平台演讲品类的第一名，这个纪录迄今还被我保持着。

我很感谢这个职业，它使我对"怎样说话才能直抵人心"保持敏感，对"怎样表达才有效果"执着追求，对"怎样呈现才能扩大影响力"不断探索。

遗憾的是，市面上并没有现成的教科书，过去的20年，我跌跌撞撞全靠自己摸索。现有的公众演讲理论大多源自西方，侧重表面技巧，知识点庞杂细碎，即使再勤奋的学生，也难免顾此失彼。而且那些书本上的"绝招"，到了舞台上似乎就不管用了，这是为什么呢？

多年担任演讲大赛评委以及辅导参赛学员的经历让我发现，多数人在舞台呈现环节表现失常，是因为他们把安全感建立在错误的基础上，以为只要把稿子写好、背熟，上台就万无一失了，这可真是"误会"演讲了。

熟记稿子只是演讲准备环节中最基础的一环，真到了舞台上，很可能台下某个观众的冷漠眼神或者低头窃笑，就会令你刚刚鼓起的勇气瞬间荡然无存。再加上舞台上炫目的灯光、台下黑压压的人群，就连话筒里传出来的声音也跟平常不一样了，这时大脑从单纯记忆一篇稿子，到瞬间要处理来自四面八方的信息，就会超负荷运转，干脆"罢工"，进入"死机"状态。这段在台上茫然无措、孤立无援的记忆如此窘迫和恐怖，于是你开始不信任自己，开始拒绝登台和当众说话，而对于演讲的恐惧便一直在那里张牙舞爪。于是你草草得出结论——我的心理素质不好，我口才不好，我害怕舞台，我害怕人多，我做不好演讲……

朋友们，快看看你们有多不相信自己！

演讲只不过是一项技能，跟骑自行车和游泳一样，只要训练方法得当，多次重复，人人都可以学会。

况且，让你止步不前的那个理由是真实的吗？日常生活中，你真的害怕人多、害怕舞台到无法自控吗？

我想请大家回忆几个熟悉的生活场景。你去参加婚宴或者大型酒会的时候，现场有上百个陌生人，这种状态下你是否并不紧张，甚至还有点兴奋？你跟大家一起去KTV唱歌，自认为害怕舞台的你，却瞬间变成了一个麦霸？然而，头一天还和同事聚会玩到半夜的你，第二天做工作汇报时却又紧张了，观众不就是昨天和你喝酒吃饭的同一拨人吗？

我列举这些场景是想告诉大家，认为自己"面对众人就会紧张怯场"，其实只是你的错觉。社交场景下你不会紧张，是因为你很清楚自己的目标，也很清楚自己的角色和能力，尽管有陌生人，尽管要在众人面前展示自己，但你内心坚信自己完全能够掌控局面，这种信念感让你不害怕。演讲，其实就是与信念感的较量。

那么信念感又从哪里来呢？回想一下小时候向小伙伴炫耀自己最得意的玩具时，那种自豪又满足的感觉。这个玩具可能不是很贵，也不稀罕，但对你来说却很特别、很值得纪念，你那么多次地把玩都不厌倦，你闭着眼睛都能说出它的样子，你比任何人都坚信，它就是最好的。什么时候当你站在台上对自己的演讲也有了这种感觉，你的信念感就足够强大了。你不会在意那些突发状况的干扰，你愿意把一项已经熟练到成为本能的技能分享给大家，你开始熟悉那种成就感……

有了信念感，你的世界将从此不同。以前面对演讲，你是猎物，生怕被逮到，要逃跑才能生存。现在你是猎手，要把工作和生活中的每一个演讲机会亲手抓回来逐个击破，直面恐惧、心虚和挫败，持续地记录自己、观察自己，在嘘声中奔跑。一个为了自己的成长进步而不断挑战自我的人，是闪闪发光的。这个世界不问来路，只为成功者喝彩。所以，不管过去你被演讲折磨和打击了多少次，都别停下来，你需要用一次次的成功来刷新记忆，重建信念感。

如果要我用几个字来概括演讲，我想就是"心动感＋记忆点"。心动感能带来感动，记忆点能触发行动。抓住这两个关键点，你的影响力输出效率才是最高的。只有向外的出口打开了，你的内心世界才会有清风徐来。

那么除了行动力之外，究竟有没有一种化繁为简的方法，可以帮我们实实在在地快速提升实战技能呢？答案就在这本书里。作为一个职业说话人，我从一个外行进化为专业人士经历了20年，我从这20年的经验中提炼出了最实用的技能训练方法，这些方法覆盖了大多数人需要面对的工作和生活场景，例如自我介绍、会议发言和工作汇报等。每一个章节最后都有知识点总结回顾和真实学员的高频问题答疑，方便大家温故知新。除此之外，本书还附赠6节演讲视频课程，以及每一章的"小测试"答案和"课后作业"完成思路，读者可扫描右侧二维码，关注"博雅读书社"微信公众号，输入"210106"获取。

真心希望大家能带着喜悦在这本书里和我相遇，合上书本的时候，能够有所收获。希望"好好说话"这件事，能让你成为更好的自己。

这是一个人人都有机会为自己发声的时代，希望这本书能让演讲这个过去的软肋成为你未来的铠甲，帮助你更好地和这个世界相处，锻造出不能被剥夺的能力和无法被复制的才华。

有生之年，要活得漂亮，更要说得漂亮。

北北

目录
CONTECT

Part 1 快速上手

第1章 三个刷新认知的表达理念，让你敢说、爱说且会说　002

演讲恐惧症　003
演讲的核心思维　004
激发自信的三个关键点　004
01 哪里有人倾听，哪里就是舞台　004
02 演讲的每一个字都带着使命，都有其预期的功能　005
03 你想成为谁，就像谁那样思考与表达　007

第2章 摆脱当众讲话时的紧张感和恐惧感的五大功法　011

学会与恐惧情绪相处　012
摆脱紧张和恐惧的五大功法　012
01 列出恐惧清单　012
02 演讲前固定时间的强化练习　013
03 针对不同的演讲场景进行自我心理压力测试　015
04 做能掌控自己心理状态的事情　016
05 临场前使用高能量姿势自我赋能　017

第3章 即兴演讲的迅速构思：三个触点　021

即兴演讲，突如其来的
考验　022
迅速构思的三个触点　022
　01 三个触点　023
　02 触点运用实操　025
迅速构思的三个套路　026
　01 表明态度法　026
　02 时间顺序法　027

　03 摘要评论法　027
即兴演讲的语言表达能力的
三步式训练　028
　01 口头复述　029
　02 口头描述　029
　03 口头评述　031
训练技巧的分享　032
把微信当作练习软件　032

Part 2 逻辑搭建

第4章 随时随地出口成章的素材积累法和用法　036

演讲素材的收集　037
　01 通过人、事、网络及书籍
　　　 收集　037
　02 从电视上、电影中
　　　 收集　037

　03 从广告、流行歌曲中
　　　 收集　038
演讲素材的归类　038
演讲素材的调用　039

第5章 从构思、布局、发表，到演讲的节奏　041

构思　043

01 选择主题　043
02 分析听众　044
03 明确目标　045
04 收集素材　046

布局　047

01 时间顺序　049
02 空间顺序　049
03 递进顺序　049
04 因果顺序　049

发表　050

01 背稿　050
02 熟练讲述故事　050
03 记住大纲　050

因时长与场域变化的演讲调整方案　051

01 加长版　051
02 精简版　052
03 急刹车版　052

演讲节奏感　053

1分钟演讲的结构　054

3分钟演讲的结构　055

第6章 设计好开头和结尾，事半功倍地获取超高人气　059

演讲开头　060

01 以小故事开场　062
02 设计悬念　063
03 利用令人震撼的事例或数据　063
04 向听众提问　064

演讲结尾　065

Part 3 讲好故事

第7章 为什么你总是讲不好故事？优秀故事的四要素 070

故事的四要素 072
讲好一个故事 072
真的没什么可讲吗？ 073
- 01 自问自答 073
- 02 进行有主题的自我挖掘 074
- 03 用抽词法来训练讲故事的能力 075

讲自己的故事，"自嗨"却抓不住重点 075
- 01 开头讲清楚时间、地点、人物 076
- 02 一个故事里最好不要超过三个人物 076
- 03 整个故事的主线只有一条 077

第8章 三个让听众身临其境的故事吸引法 079

排除环境干扰，听众注意到你时再开口 080
讲到重要情节和主线时要做好语气铺垫 081
转换视角，多讲述真实体验 083

Part 4 台风台貌

第9章 好声音带来好气场——声音训练法 088

声音形象等于竞争力 089
声音形象是可优化的 089

01 常见声音问题分析 090
02 跳出固有思维，拥有好声音并不难 090

认识发声系统，声带决定音色 091
呼吸控制法，让声音稳定流畅 093

01 控制声音，从控制呼吸开始 094
02 胸腹联合式呼吸法的实际操作 094

口腔控制法：让声音更具磁性、更具穿透力 095
打哈欠 096

第10章 找到属于自己的演讲风格 099

寻找演讲风格的三个参照要素 100

01 通过外在形象寻找演讲风格 100
02 通过声音特质寻找演讲风格 104
03 通过语言表达寻找演讲风格 107

塑造演讲风格的三个步骤 109

01 了解自己 109
02 挖掘亮点 109
03 形成风格 110

第11章 克服方言习惯,你也能成为轻松"圈粉"的主播 113

关于普通话 114

不同地区的口音特点 114

- 01 北部地区 115
- 02 中部地区 115
- 03 南部地区 116

改进普通话的练习方式 116

- 01 朗读国家普通话测试范文 116
- 02 每天阅读时事报刊 117

第12章 形象加分:让服饰和妆容都参与表达 119

形象的重要性 120

外在形象,你的秘密武器 122

形象的陷阱 123

- 01 以后再说 124
- 02 我喜欢 124

穿衣打扮时要避开的雷区 125

- 01 关于高领衫 126
- 02 关于眼镜 127
- 03 关于袜子和鞋子 127
- 04 关于西装 128

如何设计造型 129

第13章 控制表情、体态及声音,展现完美台风 133

四大秘诀 134

- 01 进行积极的心理暗示 134
- 02 出声练习关键台词来增强信念感 135
- 03 带一个吉祥物 135
- 04 调整呼吸,比一直喝水更实用 135

四大气场修炼术 136

- 01 无声语言 136
- 02 身体语言 137
- 03 有声语言 141
- 04 出场与谢幕 143

Part 5 提升技巧

第14章 自我介绍　148

挖掘名字里的记忆点　149

01 解释名字的由来　149

02 建立联想　151

03 自嘲　151

04 基因和血统　152

挖掘身份标签里的记忆点　152

01 学历背景标签　152

02 职业背景标签　152

03 地域背景标签　153

04 兴趣标签　153

挖掘价值标签　154

第15章 如何做好社群分享　157

社群的生命力　158

01 社群的活跃度　158

02 社群的价值　160

社群分享的秘籍　161

01 切合主题　161

02 提供价值　163

03 引发信任和追随　164

社群分享的红线　164

01 时间线　164

02 主题线　165

03 节奏线　165

影响社群分享效果的其他因素　166

01 声音状态　166

02 意外情况　166

第16章 如何设计演讲互动环节　169

开场白　170

开场的切入角度　171

01 提出问题,引出演讲主题　171

02 以故事开场,引起听众兴趣　172

03 用数字说话,起到震撼效果　172

演讲中的互动　173

01 提问　174

02 答疑　175

第17章 简单三步设计出老板和同事都爱听的演讲内容　179

职场演讲的火候控制　180

不同场景下的职场演讲　180

01 告知型演讲　181

02 说服型演讲　181

03 礼仪型演讲　182

演讲中的互动和沟通　184

01 分析场合　184

02 分析听众　185

03 选取和嵌入故事　185

职场演讲的5个注意事项　187

01 熟人场合把握语言风格　187

02 不要过于自谦,也不要引起别人的不满　187

03 多讲细节　188

04 突出自己的人设　188

05 宜短不宜长　189

第18章 搞定五个职场演讲场景的五大方法　191

会议发言　192

会议发言的错误认知　192

01 认为实干比耍嘴皮子重要　193

- **02** 只管听，不想说   193
- **03** 害怕说错，干脆不说   194

会议发言的秘诀   196
- **01** 先说结论   198
- **02** 用适合对方理解的方式说话   198
- **03** 给出全部谈话的流程预告   198
- **04** 重要的事情要重复   198
- **05** 强调这只是个人意见   198

会议发言中的存在感   199
- **01** 会前尽量多了解一点信息   199
- **02** 通过评论和提问对会议做出贡献   200
- **03** 稳定情绪，应对反驳   201
- **04** 多看新闻节目，跟上会议节奏   201

五种职场沟通场景及应对方案   202
- **01** 年会活动   202
- **02** 述职报告   202
- **03** 年终总结   202
- **04** 获奖感言   203
- **05** 竞聘演讲   203

开会时的互动技能   203
- **01** 眼神交流   204
- **02** 肢体语言   204
- **03** 发言中的提醒   204

第19章 五招让你从容应对突发情况   207

保持好状态，忘词也敢说   208
- **01** 保护好身体   208
- **02** 服装和化妆   209
- **03** 忘词也别慌   210

面对听众，机智和诚实共存   212
- **01** 听众不友善的提问，要不要回答？   212
- **02** 面对听众的公然挑战，如何回应？   212

03 听众迟到，要不要准时开始？ 213

04 现场人数变化太大怎么办？ 213

设备突然宕机，你更得撑起场面 214

出场顺序改变，尽全力配合 215

大量练习，真正把语言输出 216

第20章 精准表达：开口就能说重点 219

换位思考 220

整理语言 222

01 随时随地自言自语 222

02 去掉语言中的碎词 223

03 语言要让人一听就懂 224

输出观点 225

第21章 共情力——读懂情绪，才能有恰当的话语 229

懂比爱更重要 230

每一种情绪都需要直接面对 231

对方想听什么，比你想说什么更重要 233

Part 1

快速上手

QUICK START

第1章
三个刷新认知的表达理念
让你敢说、爱说且会说

- 演讲恐惧症
- 演讲的核心思维

● 激发自信的三个关键点

- 哪里有人倾听，哪里就是舞台
- 演讲的每一个字都带着使命，都有其预期的功能
- 你想成为谁，就像谁那样思考与表达

演讲恐惧症

成功的方法多种多样，而失败的道路却往往是相同的。

一般情况下，失败的演讲都会经历以下四个阶段，这也是演讲恐惧症的形成过程。

这样的经历会带给人一种负面心理暗示：自己不适合公开演讲，自己表达能力不行。

这就像你下水没几次，就判定自己学不会游泳一样。对于演讲，需要先给自己充分练习的机会，认真准备一次演讲，接受一次听众验证，并多积累经验，这样才能相对科学地判断自己的演讲能力和语言表达能力。

大部分恐惧演讲的人，一方面是因为高估了登台演讲的难度，另一方面是因为在日常的沟通表达中陷入了无构思、无意识的草率表达误区，从而导致了认知上的偏差。因此，消除对演讲的恐惧，需要先了解演讲的核心思维，重塑对演讲的信念和信心，这一点尤为重要。

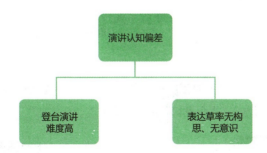

演讲的核心思维

演讲的核心思维有两个：一是从听众的角度出发，也就是说，对方想听什么，比你想说什么更重要；二是运用大众传播规律，让你的信息传递更有效。

当你开始有意识地管理和经营自己的表达习惯，做到进退有度时，你的人格魅力就会被放大，你周围的人也更容易按照你希望的方式来回应你。

由此可见，演讲是对自己最有价值的终身投资。

激发自信的三个关键点

01 哪里有人倾听，哪里就是舞台

演讲不是只存在于舞台上的，只要有人倾听，只要你开始了语言表达，你就开始了有目的地展示自己的沟通行为。

从这个角度来说，国外关于演讲的定义——Public Speaking（公共表达，或者更直白地翻译成"当众说话"）——更准确、更接地气。

目标和对象决定了说话的策略。每一句话都应该奔着目标去，这样才会

有一个明确的"目标实现与否"的判断标准，接下来就可以通过实践去不断验证。例如，你要通知某人去开会，你的目的就是确认对方收到了通知并会准时参加。

人不是天生就喜欢保持沉默，更多的时候是因为怕出错、想逃避，所以选择了不说。开口说话有可能说错，有可能效果不如预期，但是不开口就等于没有任何可能性。

案例1 ▼

> 董董是一个单身姑娘，专业是园艺。董董的工作是负责讲解农药除草剂产品的使用方法，并指导用户使用。这个女孩大部分的时间是和田间地头的农民伯伯一起工作，自然缺少了认识男孩子的机会。有一次她去参加一个行业论坛，当大家要求她表演一段才艺的时候，她选择了即兴演讲。正是这段落落大方的演讲，让她吸引到了一个男孩的注意。男孩觉得这个女孩谈吐大方，思想深刻。后来，这个男孩成了董董的男朋友。

好好说话这件事，真的给太多人带来了生活转机。当你开始运用演讲思维去表达时，会发现处处是机会。

02 演讲的每一个字都带着使命，都有其预期的功能

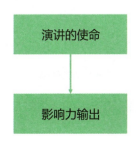

语言和文字一样,都是可以预先设计和精准传达的。把自己的演讲当作产品,把听众当作用户,让用户购买并且觉得超值,你的影响力就输出成功了,这个演讲也就完成了提升你整体形象的使命。

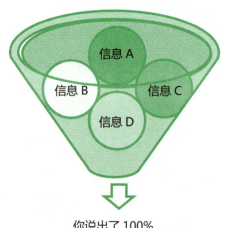

你说出了100%,
也许对方只接收了15%

案例2 ▼

我曾经辅导过一个学员,他的职业是电话客服。他告诉我,他快被这份工作折磨疯了,因为他每天需要重复讲很多遍一样的内容,可是客户还是听不明白,他还要从头讲同样的话。搞定了这个客户,下一个客户又是这样,他每天都讲得很累,回到家都没办法抽离这种情绪,甚至已经影响家庭和睦了。

在辅导他的时候,我问他:"你一直在想同样的内容自己讲了多少遍,预设讲一遍对方就应该听懂。其实你可以试着站在对方的角度想想,

> 可能他在听的时候很疲累,可能他的注意力正在被其他事务分散,也可能他的理解能力有限。你是否可以把所有的讲解内容拆成几个部分,每讲完一个部分,就跟对方确认他是否听懂了,是否有疑问。如果对方听懂了,并且没有疑问,再讲下一个部分。"
>
> 第二天下班之后,这位学员马上给我反馈,说他当天上班心情好了很多。打电话时,他一步步地跟客户确认对方是否能听明白,得到确定的答复之后再继续讲下一部分,节奏慢了下来,自己也不那么焦虑了。客户在他的引导下,一步步理解对话内容,这样他也更有动力去讲下一部分内容。最终,沟通顺畅了,客户很满意,他也更愉悦了。

这个技巧可以在工作和生活的方方面面使用,只要你脑海里有"以对方的理解能力为基础进行沟通"的概念,有"对自己表达目标"的清晰认识和把控,语言就是你的"子弹",字字句句命中目标,做事效率肯定会提升。

03 你想成为谁,就像谁那样思考与表达

这个理念源于我参加的一个形象设计师课程,授课老师从日本学成归来。她说在日本,人们有一个共识,就是你想成为谁,你就先穿成谁,用这种形象暗示来督促自己向目标奋进。大多数日本女生对自身的形象要求很高,即使是商场清洁女工、超市搬运女工,也都化着得体的妆容,不会因为工作粗重而让自己的形象变得邋遢。

把这个理念迁移到演讲上也非常适用,你想成为谁,就像谁那样思考与表达。你想表现出亲和力、决断力、领导力,那么你的语言用词就要体现出这类人的思维特质。

案例3

> 作为美国超级巨富的梅隆家族，其实最初生活在爱尔兰的乡间。家族真正的崛起来自托马斯·梅隆，他也是梅隆财团第一代创始人。
>
> 托马斯14岁时，有一天在田间地头发现了《富兰克林自传》这本书。他从书中看到比自己还贫穷的富兰克林，从不放弃学习，凭着勤奋、朴素、果敢这些性格优势，努力打破固化的阶层，成了一位富有且闻名于世的大人物。
>
> 后来，托马斯开始模仿富兰克林，把他当作信仰，开始思考放弃祖辈留下来的赖以生存的土地，甚至在读书时就把自己的一点小积蓄放贷出去。
>
> 很快，托马斯发现，自己手中的钱在以超预期的速度增长。托马斯说："每当我获得金钱时，我总把它用到最能发挥它作用的地方。"再后来，他和他的家族闻名于世。即便是现在，梅隆家族仍然是美国十大财团之一。

回顾托马斯的一生不难发现，促使托马斯命运发生转折的正是富兰克林。榜样的力量促使托马斯模仿富兰克林，改变自己的思考方式，最终改变了自己的命运。

此外，换位思考也是重要的表达技巧。

案例4

> Lisa是体制内的一个科员，年初的时候，单位竞聘选拔中层干部，她绞尽脑汁写了演讲稿，自认为不错，但是得到的分数却不高，勉强进

入了第二轮。Lisa拿着稿子向我求助，我看完之后发现，她犯了一个致命错误——发言只围绕自身取得的成绩，没有结合集体利益。换句话说，她的演讲没有提及给他人带来的好处。在我的提醒下，Lisa从听众的角度修改了演讲稿，最终竞聘成功。

站在对方的立场去表达，才能引发共鸣。所以从今天起，请慎重对待每一次说话，把每一条微信语音和每一通电话都当作一场小的演讲，像对方那样去思考，随时随地训练自己的口语表达能力和语言整理能力。

总结

从今天开始，克服你对演讲的恐惧，积极地提升你的演讲能力。可以先从列逐字稿开始，再到列表达要点，最后进阶到脱稿表达。

小测试

演讲的三个理念是什么？

❶

❷

❸

要点提示

——————重要观点——————

（1）演讲的认知偏差主要源于：高估了登台演讲的难度，以及日常沟通中没有意识到要进行有构思的表达。

（2）演讲思维有两个核心：第一，从听众的角度出发，关注对方想听什么；第二，运用大众传播规律，高效传递信息。

（3）请牢记三个演讲理念：第一，演讲是有目的的沟通，哪里有人倾听，哪里就是舞台；第二，你说的每一个字都带着使命，都有其预期的功能；第三，你想成为谁，就像谁那样去思考与表达。

高频问题答疑

（1）经验不足的演讲者，怎么知道听众对什么话题感兴趣？

（2）即兴演讲，缺乏信念感怎么办？

答案▼

（1）第一，站在对方的立场思考，关心对方的关切点；第二，从对方的每一次表达中挖掘信息；第三，定期梳理关系，关注重要人物的朋友圈动态，了解他的偏好。

（2）第一，平时多说话，多进行有目的的沟通；第二，沟通过程中积极观察对方的反应是否符合你的预期，并不断进行改进；第三，站在对方的角度规划语言。

课后作业

你的领导要选派一个人参加演讲比赛，请做一个5分钟的演讲，为自己争取机会。

第2章
摆脱当众讲话时的紧张感和恐惧感的五大功法

- 学会与恐惧情绪相处

- 摆脱紧张和恐惧的五大功法

1. 列出恐惧清单
2. 演讲前固定时间的强化练习
3. 针对不同的演讲场景进行自我心理压力测试
4. 做能掌控自己心理状态的事情
5. 临场前使用高能量姿势自我赋能

学会与恐惧情绪相处

第1章强调了演讲的三个理念。第一,哪里有人倾听,哪里就是舞台;第二,演讲的每个字都是带着使命的,都有其预期的功能;第三,你想成为谁,就像谁那样去思考与表达。将这三个理念根植在心里,你会因为对演讲这件事的憧憬和掌控感,而减少一点对演讲的恐惧。

相信还是有很多人会认为,单凭三个理念不足以消除当众说话时的紧张感和恐惧感。这里再向大家介绍一个要点,那就是,正视演讲时的紧张感和恐惧感的客观存在,不要试图消灭它、克服它,而是要和它共处,甚至控制它。

当众说话时的恐惧感和紧张感是普遍存在的,那些看上去不紧张的人,只不过是把紧张的情绪掩饰在自己的风采与光芒背后了。不过并不是说恐惧和紧张都是不利因素,适度紧张是对演讲有利的,虽然你也会感到害怕,但这个程度是可控的,适度的压力带来的兴奋感反而可以给你带来更好的表现。所以不要被自己的紧张情绪影响,你需要做的是把消极的紧张转变为积极的紧张。

摆脱紧张和恐惧的五大功法

要摆脱紧张和恐惧,首先要直面它,认识它。通过分析梳理、与自我对话,认清恐惧与紧张的来源,才能把这种负面情绪转变为积极的、有利的情绪。

01 列出恐惧清单

首先拿出一张纸,在纸张的左半部分列出你感到害怕的原因,然后在右半部分列出积极的理由去说服自己。

恐惧清单

害怕的原因	积极的理由
害怕当众讲话。	演讲是一个展示自我的机会；演讲可以分享我的观点，还可以收获演讲经验。
我觉得自己的演讲内容不够精彩。	它至少能代表一部分人的想法；我下一次会更好，但我至少要踏上第一次的舞台。
我演讲时很紧张。	每一个人都会有紧张的情绪，别人能够克服，我一定也可以的。

上述关于消极紧张的设想可能没办法涵盖所有人的恐惧心态，但是请相信，大部分情绪背后都有原因。对于恐惧，我们需要勇敢地直视它，找出藏在恐惧背后的因素，让注意力聚焦于演讲内容本身，而不是对演讲舞台那种笼统的恐惧和焦虑。

除了积极的心态，大量的刻意练习也是提高自身能力的极佳途径。大量的刻意练习可以帮助你增强自信，提高你对自身和外界环境的把控能力。

75% 的紧张情绪能通过刻意练习来消除。把注意力集中在你要表达的内容上，你就没有多余的心思和精力去关注紧张、害怕这些杂念了。

比怕输更可怕的，是你从来没想过自己会赢。当你意识到自己又开始为一场演讲感到不安、害怕时，请先尝试设想自己会赢，而且会赢得非常漂亮。这样的设想会激起你的斗志，这种志在必得的求胜心有助于你把恐惧转换成渴望——渴望舞台，渴望上场。

02 演讲前固定时间的强化练习

演讲前的试练非常重要，它可以最大限度地减少正式演讲时可能会出现的意外状况。试练不是自己一个人在家默默地背稿子和熟悉 PPT，合格、有效的试练,至少要具备五个条件。

第一,尽量使用与正式登台相同或相似的场地。演讲时的很大一部分压力源于对场地感到陌生以及听众的注视,因此试练阶段要尽量选择与登台时一样的场地,以便提早适应。最好安排几个听众来试听,有听众观看时的压力值和单独练习时的压力值是完全不同的。

第二,试练时全程用手机摄影记录。要用后置摄像头拍摄,眼睛要习惯看手机镜头,这样才可以真实地记录下在忘词、卡壳、分心的情况下,自己所呈现出来的第一反应和微表情习惯。例如,非常密集地眨眼睛,出错时会伸舌头、咬嘴唇等。

第三,试讲中间一定不要停。如果停下来去修正讲错的内容,就没法测算出演讲的实际总时长,也没法测试出自己对演讲内容的掌握程度。如果讲到某一段时不流畅,或者对观点不确信,那么接下来就要着力更正这一段,但是在试讲途中不应该停下。

第四,试讲时一定要出声。演讲时要使用自如声区,但是音量要比平常讲话再高一度。试练时不要默念或是喃喃自语。默念会比出声讲述的速度快很多,容易造成时间控制上的偏差,到了真正登台时就会发现时间不够用,这会加剧紧张感,影响演讲效果。试练时的音量比平常讲话时高一度,是为了强化声带和气息的负荷量。跟跑步时负重训练是一个道理,都是为了正式上场时能更稳定地发挥。

第五,在即将正式登台的时段练习。如果登台时间是上午,就在上午练习。如果要参加几轮筛选,不确定具体的上场时间,就每个时段都练习一下,找到自己的状态规律。

03 针对不同的演讲场景进行自我心理压力测试

前文中提过,当注意力集中在要表达的内容上时,就没有多余的心思去紧张、害怕了。然而道理容易懂,真正做的时候,人又很容易陷入旧有的思维态势。建议大家一旦察觉自己开始分心,感觉到自己因紧张、恐惧而无法专注时,就做一些与演讲相关的具体事务的准备工作,动起来,把自己从情绪内耗中解脱出来。

常见的演讲舞台场景有下沉式的演讲台、电视台演播厅、升高式的舞台,还有会议室等场景。

会议室、小礼堂一般的单位都有,可以在平时有活动、有听众的时候,有意识地去感受一下站在讲台上看听众的感觉。阶梯教室或者下沉式的舞台,带给演讲者的心理压迫感是比较大的,需要进行更多的练习。

消除因对场地陌生而产生的紧张感,最直接有效的方法就是提前熟悉场地。

电视台演播厅

多功能会议室

会议室舞台

升高式舞台

下沉式舞台

小组讨论台

常见的演讲舞台场景

要了解自己在什么样的环境中感到安全,在什么样的环境中会舒适、兴奋,在什么样的环境中容易失控,然后记住这种感觉,尽量用其他辅助手段去增强自己对场景的掌控感和安全感。

04 做能掌控自己心理状态的事情

适当的紧张和压力可以使人更专注,而当压力超出一定范围时,就需要通过某些方式来使自己放松。一些大幅度的动作或大声说话都有助于缓解紧张的情绪,例如,大部分人觉得做运动或到 KTV 唱歌能有效缓解压力。也可以去商场试衣服,为登台造型试发型和妆容。这些都属于演讲准备工作中的重要部分,但是做这些时压力会小一些。

📑 **案例** ▼

> 有一名学员分享过自己的解压方法,是模仿脱口秀。
>
> 他说,准备演讲时如果感觉自己陷入了瓶颈状态,最有效的方法就是找出自己喜欢的脱口秀视频,一边观看一边模仿,有时还能借用里面的一些小段子,将它们加入自己的演讲稿中,作为热场来活跃气氛。
>
> 事实上,这名学员在进行演讲练习时,他的舞台互动确实比较自然,演讲风格是偏向幽默风趣的,这可能也与他长期观摩脱口秀表演有关。

总之,在演讲的准备阶段,要让自己的时间和精力都被有效利用,每一个动作只为那一个目标。

05 临场前使用高能量姿势自我赋能

很多人会有一种困扰,那就是在演讲的前期准备阶段并不觉得紧张,可在临上场的一刹那,突然开始心慌了,整个人都是蒙的。等主持人叫到自己的名字时,根本不知道自己是怎么走上去的,头顶的大灯一照,脑子就一片空白了。

面对这种情况,有两种方法应对。

一种是把压力感提前。

提前半小时候场,让自己的大脑和身体提前面对这种压力。有一段适应的时间和过程,也能够给压力一点释放的空间。

另一种是使用高能量姿势自我赋能。

看过周星驰的电影——《功夫》的人,都对元秋扮演的包租婆印象深刻,尤其是停水之后大骂租客的桥段,气场全开。电影中包租婆的姿势——挺胸收腹、叉腰、大步流星,说每一句话都是摇头摆尾的,用上了全身的力量,掷地有声。这些都是向外展示能量的举动。

舒展的、扩张的、三角形的姿势,都是高能量姿势,保持一个高能量姿势能够帮助我们提高信心。

高能量姿势

还有一种高能量的姿势,就是田径运动员胜利后经常会有的姿势——将手臂伸向天空,这能让我们的能量得到增强。

总结

从此刻开始,你要摆脱紧张和恐惧,勇敢地直面它,认识它。可以从列出恐惧清单开始,然后了解自己适合什么样的环境,最后整理出属于自己的一套应对方案。

小测试

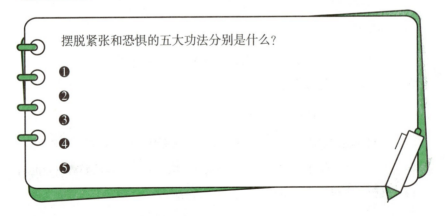

摆脱紧张和恐惧的五大功法分别是什么?

❶
❷
❸
❹
❺

>>>>>>>>>>>>>>>>>>>>>>>>>>>>>>> 重要观点 >>>>>>>>>>>>>>>>>>>>>>>>>>>>>>>

（1）适当的紧张感可以帮助我们更好地专注演讲，提高我们的反应能力，因此不要过度排斥紧张与恐惧的情绪。

（2）面对紧张与恐惧，先了解它产生的原因，再有针对性地采取实际行动。75%的紧张与恐惧情绪可以通过大量的练习消除。

（3）不同的演讲场地带给演讲者的心理感受和压力是不一样的，有机会的话，多尝试登上不同的舞台，亲身感受一下现场体验。

（4）当不良的情绪影响了我们的注意力时，可以做一些自己能够掌控的准备工作来转换情绪，如看励志电影、试服装和造型。

（5）利用高能量姿势可以快速提高我们的信心和大脑能量。

>>>>>>>>>>>>>>>>>>>>>>>>>>>>>>> 高频问题答疑 >>>>>>>>>>>>>>>>>>>>>>>>>>>>>>>

（1）明明演练时已经计算好时间，可是真正上台时却总是控制不好时间，该怎么办？

（2）背熟了演讲稿仍然十分紧张，不知道该做些什么准备，如何是好？

（3）上场后太紧张，只能木讷地背诵稿件，导致现场气氛沉闷，怎么办？

答案▼

（1）出现这种情况，通常有两个原因，一个是语速变化。正常的语速一般为220~250字/分钟，在准备演讲稿的时候就要大致按照这个篇幅去设计。为预防因登台紧张等因素造成时间控制得不够精准，可以适度预留半分钟时间作为机动时间，便于现场调控。另一个是试讲计时不准。练习的时候遇到卡壳或者口误一定不要停下来修改，而是要将错就错一遍过，一旦修改，会造成时间测试不准确，登台时就容易出现偏差。

（2）这时需要做自己当下能够掌控的事情。适当的紧张和压力可以使我们更专注，而当压力超出一定程度时，就要通过某些方式来使自己放松。例如大声朗读、做运动，都能够有效缓解压力。这个时候也非常适合为登台试服装、发型和妆容。这些都属于演讲前的重要准备工作，但是做这些事情的时候心理压力会小一些。

（3）面对这种情况，有两种方法应对。一种是自我调节，可以把压力值提前，至少提前半小时候场，让自己的大脑和身体提前应对这种压力，给压力一点释放的时间；还可以使用高能量姿势自我赋能。舒展的、扩张的、三角形的姿势都是高能量姿势，保持一个高能量姿势能帮助我们提高自信。另一种是跟观众互动，可以坦白承认自己的紧张，获得观众的理解和鼓励。

课后作业

挑选一篇你喜欢的演讲稿，尝试把它背下来，并按前文中提到的方法，把它当作正式演讲来实践一遍。

第3章
即兴演讲的迅速构思：三个触点

即兴演讲，突如其来的考验

迅速构思的三个触点

三个触点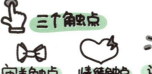

审美触点　情感触点　认知触点

触点运用实操

迅速构思的三个套路

表明态度法　时间顺序法　摘要评论法

即兴演讲的语言表达能力的三步式训练
1. 口头复述
2. 口头描述
3. 口头评述

训练技巧的分享
把微信当作练习软件

在日常生活中，大到被临时邀请登台演说，小到平时的各种面试、被老板和客户临时问话等，都可以说是一次即兴演讲。即兴演讲非常考验演讲者在思维敏捷性、语言逻辑性和口头表达流畅性这三方面的功底，因此大部分人对演讲的害怕主要来自对即兴演讲的害怕。

即兴演讲，突如其来的考验

即兴演讲的可怕之处，就在于它的突发、意外。通常情况下，如果给我们一点时间准备，哪怕一二十秒，大部分人就能回过神来，也就不至于那么狼狈了。

所以面对即兴演讲时，要摆脱对大脑空白、无话可说的恐惧，最根本的方法就是"时刻准备着"。

每到一个场合先问自己，如果一会儿被主持人叫到台上即兴发言，有什么内容可以说？要至少想出三点。

这三点建议大家从三个角度切入：我为什么会来到这个场合；主持人因为什么叫我发言；我的身份和这个场合有什么关联或者有什么标志性的意义。这三个问题的答案，基本就可以组成一次即兴演讲的开场了。

迅速构思的三个触点

即兴演讲是非常"圈粉"的展示魅力的时刻，因为那些能在压力下表现出急智急才的人，他们的积累必定比展现出来的更深厚。比如汪涵、何炅、马东及黄渤等人，他们有无数的救场案例广为传播。

即兴演讲高手能在最短的时间内快速掌握听众的心理需求并及时予以满足,然后在满足这两点的基础上去引发信任和追随。也就是说,需要给听众一个触点,去触发信任和追随的开关。

01 三个触点

认知触点、情绪触点、审美触点这三个触点绝对是演讲产生影响力的精髓所在。

1. 审美触点

用语言给对方营造一个有期待值和想象空间的场景,用词恰当,语调贴切。怎么理解期待值和想象空间呢?举个例子,教导主任让你下课后去办公室找他,隔壁班的校花女同学约你下课后见面,你对两者的期待值和场景想象一定是不同的。

如果你想描述一种美好的场景和情绪,那么应该怎样构建有代入感的场景呢?一个简单的方法是,在描绘场景的时候,多运用感官描写,多想想自己有哪些感知器官。你的耳朵听见了什么、你的眼睛看到了什么、你的鼻子闻到什么气味、你的舌头品尝了什么味道,把你的每一项感官感受都描述出来。

2. 情绪触点

你的分享可以勾起听众某种难忘的情绪,可能是久违的共鸣,可能是被理解的感动,也可能是压抑后的痛快释放。总之,你的演讲可以点到听众的某个穴位,让他产生"哇,这就是我心里想的,你替我说出来了!这简直太美妙了……"的感受。

关于情绪触点，如果预先设计有难度，那么可以在演讲构思完毕之后，看看有哪几个点可以起到触发情绪的作用，然后刻意从这个角度设计一些情节和话语，这样就可以在听众心中留下你的"传说"了。

案例1 ▼

> 大学毕业后，我在入职之前经历了一次非常严苛的军训。毫不夸张地说，我们的训练强度不亚于电影《战狼》中的训练。在暴雨中静坐1个小时、每天跑5公里、17秒拆装一把五四式手枪都是家常便饭，甚至还有48小时雨夹雪天气下的长途野营拉练。
>
> 有一次长途拉练是在南昌的山里，一整天长途奔袭，前一天被汗水浸湿的鞋子，到第2天早上都结了冰碴，只能硬着头皮穿进去。拉练结束后，回学校的最后一段路，我们几乎是哭着走完的。
>
> 我在主持短期军训毕业晚会的时候，引用了作家路遥的两句话："只有在暴风雨中才有豪迈的飞翔，只有用滴血的手指才能弹奏出生命的绝响。"有一半的学生哭了起来。也因为这两句话，我被大家记住了20年，因为这两句话就是一个重要的情绪触点。

3. 认知触点

认知触点就是你的独特看法和独特视角，令听众产生了认知升级，给听众提供了理解问题、解决问题的新逻辑。

既可以给大家制造危机感，如朋友圈爆文《你的同龄人抛弃你的时候，连招呼都不会打》；也可以是逆向思维，当大多数人都在强调"比你优秀的人比你更努力"时，有人出来告诉你，"请停止你的无效努力"。

02 触点运用实操

在实际的即兴演讲过程中，可以将三个触点组合运用。

有一次我要在一个早起社群做分享，我便从以下三个方面进行了阐述。

1. 营造审美触点

我分享的第一个观点是，我特别羡慕能坚持早起的人，因为他们是最早迎接太阳的人，他们看过自己生活的这个城市的不同样貌。

一大早骑着三轮车摸黑送菜的农民，已经满足地嚼着大饼或油条，准备回家了；经营早餐店的小夫妻，开始熟练地招呼客人；三三两两的大爷大妈，开始讨价还价地购买一天的食材；还有背着大书包的高中生在努力地骑着单车，让人觉得他每蹬一圈，都是在向梦想靠近一点。

上面这些很容易勾起人们寻常记忆中的场景，都是在营造审美触点。

2. 营造情绪触点

我分享的第二个观点是，我害怕早起的人，因为他们是最自律的人，摆脱了享乐和懒惰对成长的束缚。因为早起社群的人对"早起"的定义不是常人理解的六七点钟，而是四五点钟，这是很需要毅力去坚持的。

我曾经被动体验过这种和生理规律的对抗，过程还是很辛苦的。那是我在电台做新闻主播的时候，有一段时间做晨间大直播新闻版块，早上七点开播，五点就要就位，春节期间也不例外。因为怕误播，有的早班主播干脆就睡在办公室。

这一部分内容就是运用了情绪触点加认知触点。

3. 营造认知触点

我分享的第三个观点是，关于睡眠足不足够这件事，不是根据"实际睡多久"来衡量的,而是根据"你认为自己睡多久才足够"来衡量的。建议睡前进行积极的心理暗示和自我肯定。

我也在尝试用这个方法告诉自己"我可以在几点醒来",然后可以一整天保持旺盛的精力。对时间的掌控感让我变得更加宽容、博爱,也让我喜欢上了努力向上的自己。我相信能和自己好好相处的人,必定会被这个世界温柔对待。

这一部分内容运用了认知触点。

迅速构思的三个套路

因为即兴演讲通常比较简短,演讲主题非常清晰,应用的场景也相对固定,所以是比较适合运用套路的。下面我将根据可能出现的场景为大家提供三个适合迅速构思的套路。

01 表明态度法

表明赞成或反对 + 阐述原因 + 提出结论。首先直接亮出自己的态度(赞成或是反对),然后阐述原因,最后提出结论。

适用场合:一切由提问发起即兴演讲的场合。

场景1 ▼

> 主持人提问:"对于这次公司的新产品上市,请问您是怎么看的呢?"
>
> 被提问者回答:"我认为这次的新产品十分具有竞争优势(表明态度),因为目前市场上暂时还没有类似功能的产品,而且它在外形设计上也比较有创意(阐述原因)。所以我认为,新产品上市后应该会有不错的销量(提出结论或再次强调观点)。"

02 时间顺序法

按照"过去、现在、未来"的顺序,找到三个时间节点,并对应相应的事件,讲述变化。

适用场合:总结大会、颁奖礼、欢送仪式等场合。

场景2 ▼

> 年终总结大会上,林经理作为部门经理被临时邀请上台做分享。
>
> 林经理说:"犹记得刚进入公司时,我们公司还是一家普通的小公司。如今在杨总的带领下,我们已经获得了B轮投资,公司的业绩蒸蒸日上。相信在不久的将来,公司的发展将更上一层楼。"

03 摘要评论法

摘要列举他人的观点,再提出自己的观点并加以证明。

适用场合:论坛、研讨会、小组讨论、总结复盘等场合。

📋 **场景3** ▼

> 小张在公司参加小组讨论时,临时被点名发表自己的看法。
>
> 他站起来略微思索后说:"杨总的观点我非常认同,指出了我们实际执行时需要注意的很多细节,同时有一个地方我想做点补充,那就是在和客户沟通的过程中,我们应该注意……"

以上三个方法相当于构思即兴演讲结构的开关,开关打开后,接下来的内容填充仍然需要大家结合自己的实际经历和具体的应用场景进行发挥。

即兴演讲的语言表达能力的三步式训练

前文介绍了怎样迅速打开构思的开关,虽然方法有效,但也不能次次都靠套路救场。如果能通过练习来训练即兴演讲的"表达肌肉",就能做到面对一切挑战都胸有成竹。

这个过程中有一个很重要的步骤,就是建立口语输出的习惯。过去我们的构思习惯大多是书面表达,先思考再落笔,再讲出来。经过两次转换,口语输出时往往会有卡顿。因此要养成随时随地使用口语输出的习惯。

接下来介绍三个重要的口语表达训练:口头复述、口头描述、口头评述。

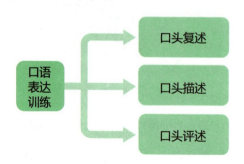

01 口头复述

这一训练方法主要是用语音的方式重复别人的观点。

例如,把一本好书、一部电影中的精彩段落和对白,用自己的语言复述出来。复述的时候要忠于原始材料,既不可缺少主要的情节,又不能机械地背诵,需要在理解的基础上突出重点,重新组织语言。

场景4 ▼

> 小张回到办公室,刚坐下,旁边的同事便凑过来问他,昨晚有没有看到什么新闻。
>
> 小张马上开始向同事们讲述昨天的新闻:"昨天深圳有一辆大货车着火了,一名公交车司机刚好路过,司机师傅果断停车,拿出灭火器跑过去灭火。6分钟内用完了4个灭火器,终于把火扑灭了。幸亏有那名公交车司机帮忙,货车上的货物才没遭受损失。"

口头复述的练习是我们在日常生活或工作中最容易做到的,平常看到引发自己感触的新闻或文章时,可以思考一下,如果要把这篇新闻或文章转述给别人该如何说。

02 口头描述

口头描述主要是为了把自己的观察、联想、感受、领悟等比较抽象的内容,通过有条理的语言贴切地描述出来。

设想一下,怎样把一道美食的味道告诉别人呢?只能用"好吃"这一个形容词吗？味觉的层次很丰富，可以通过语言把这些层次展示出来。网购时，那些被商家用心描述的商品往往会使我们从商品本身联想到更多美好的场景，更能勾起我们的购买欲。

这些都是描述的力量，特别是对心理感受和场景的描述，很容易使听众产生共鸣和代入感，使表达更有感染力、说服力。

案例2

南宋时期的爱国诗人陆游有一首诗，名为《蔬食戏书》，描述了"新津韭黄"和"东门豉肉"两种美食。诗句是"新津韭黄天下无，色如鹅黄三尺余；东门豉肉更奇绝，肥美不减胡羊酥。"

我们不妨来拆解一下，看看这两句诗到底有什么绝妙之处。

首先是新津韭黄，"天下无"的意思是"天下第一"，下半句分别写了"色如鹅黄"和"三尺余"，这半句是对新津韭黄外形的描述。看到这里，我们脑海里马上就有新津韭黄的样子了。

然后是东门豉肉，陆游对这道美食的评价是"更奇绝"。下半句则从味道的角度描述了这道美食的奇绝之处，关键词就是"肥美""胡羊酥"。这样一说，吃过胡羊酥的人马上可以想象出东门豉肉这道美食的味道了。

总结一下这种描述方式：外形是真实存在的，可以通过颜色、形状来描述；然而味道是抽象的，那么可以通过类比、联想，把抽象的东西具象化。

03 口头评述

口头评述是在复述事实、描述感受的前提下,提炼观点和态度。提炼观点主要有三个步骤。

第一步,把事件归类。我们遇到的事件按社会责任归属的不同来划分,通常可以分为道德问题和法律问题;按社会属性或社会范畴的不同,又可以分为教育问题、婚姻家庭问题、职场问题等。通常一个事件会涵盖多个社会属性,如子女的教育问题可能同时也涉及婚姻家庭问题,因此我们如何对事件进行归类,就决定了我们将从哪个角度对事件进行剖析。

第二步,找出可以产生话题的事实细节。把事件和问题归类后,先总结一下关于这类问题的社会通行规律是怎样的,或者历史沿革、发展脉络是怎样的,找出几个可以产生话题的事实细节,通过描述的方式把这些事实细节向听众呈现,使听众体会到你的感受。

第三步,归纳观点和结论。通过事实细节延伸出来的逻辑,我们可以自然而然地得出观点和结论。用简洁明了的语言把观点和结论提炼出来,一场口头评述就完成了。

这三个训练的难度是层层递进的,从关注事实到描述细节场景,再到观点提炼,基本可以涵盖我们日常沟通的交换信息和获取认同的需求。当我们稳定地建立起口语表达习惯后,从构思到表达所需的时间会大大缩短。很多优秀的新闻评论员，几乎什么样的新闻都能即兴评述，达到脑子和嘴巴同步的效果。其实他们就是熟练运用提炼技巧，再加上对大量资料的涉猎，观点成熟之前复述资料也可以救场。

训练技巧的分享

把微信当作练习软件

多发微信语音。在练习初期，建议大家在微信的聊天列表中把自己置顶，然后给自己发语音。初期通过回听自己的语音，可以客观地了解自己的表达模式和水平，接下来就可以有针对性地改掉表达时的一些坏习惯。训练成熟后，就可以将语音内容发给朋友、家人，再到发给任何你想传达内容的人。

总结

在日常生活中，每一次对话都相当于一次小型演讲、一次即兴演讲。这十分考验我们的反应能力，有计划地训练我们的反应能力，让每一次"即兴演讲"都得心应手。

小测试

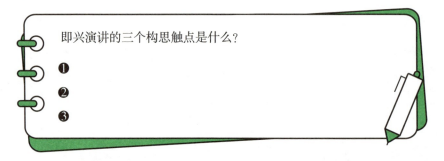

即兴演讲的三个构思触点是什么？

❶
❷
❸

要点提示

重要观点

（1）在可能需要发表言论的场合，要有"时刻准备着"的心态。

（2）在不同的场景中，可以根据不同的触点迅速构思演讲内容。

（3）随时随地利用日常沟通的机会来进行即兴演讲的构思训练。

高频问题答疑

（1）描述自己的感受或一些事物时，总是想不到词汇，怎样才能增加词汇量呢？

（2）虽然做好了心理准备，但是演讲的主题却不是自己准备的，这时该怎么办？

（3）和朋友聊天时，讲述一件事情的经过时总是没有底气，觉得自己讲得很无趣，此时还应该继续讲吗？

答案▼

（1）词汇量的累积是长期的，建议在看电视节目或阅读时有意识地收集文章和金句。可以的话最好对收集的素材进行记录，定时回看，这样可以快速增加词汇量。

（2）可以根据三个触点的应用场合，迅速构思新的演讲内容，还可以复述前面嘉宾的发言来争取构思时间。

（3）当然要继续讲，还要拿出不容置疑的气势来讲。讲话时我们的信念和自信是别人愿意聆听的关键之一。如果对自己的表达能力没有信心，那么可以多使用微信的语音功能进行自我练习，客观了解自己的表达水平并进行提高。

> **课后作业**

找一篇你想分享讨论的新闻事件,运用口头复述、口头描述、口头评述的三步式方法,与朋友进行讨论并传达你的观点和结论。

Part 2

逻辑搭建

LOGIC CONSTRUCTION

第4章
随时随地出口成章的素材积累法和用法

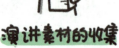
- 演讲素材的收集

演讲素材的归类

演讲素材的调用

演讲素材的收集

关于演讲,如果只是舞台经验不足,那么只要创造机会、多加训练就能解决。而对于即兴演讲者来说,出口成章的关键在于积累充足的素材,并能及时调用。

因此,我建议大家从现在开始建立自己专属的素材库,做一个敏感的素材收集者。也许有人会苦恼,不知道从哪里收集素材。无须担心,这里为大家介绍3个收集素材的途径。

01 通过人、事、网络及书籍收集

多观察身边的人或事,无论是自己的亲身经历,还是听别人说的同事、家人的经历,又或者是自己从网络、书籍上看到的经历,只要你觉得对自己有所启发,都可以记录下来,并及时复盘和整理。

现在的智能手机功能很强大,要用好手机,随手记录并归档收集到的信息。

02 从电视上、电影中收集

与身边的人或事相比,电视、电影中的素材更广阔,而且整理得相对比较成熟。从电视上、电影中收集素材主要有以下 3 个好处。

（1）收集的观点往往是大家关注的热点。

（2）素材大多与成功人士和名人相关，故事本身自带号召力。

（3）电视、电影的覆盖面广，很容易和看过的人产生共鸣。

03 从广告、流行歌曲中收集

广告里的金句、流行歌曲中的歌词也可以作为我们的素材。

演讲素材的归类

收集了素材之后，还有非常重要的一步，就是有目的、分主题地对素材进行归类。

我的归类方法是按照素材的表现形式、应用场景、主题、感情色彩四个维度进行整理。

按照表现形式的不同，可以将素材分成视频、音频、图片、文字四大类。

按照应用场景的不同，可以将素材分成职场沟通、商业沟通、人际沟通三大类。

按照主题的不同，可以将素材细分成个人成长、励志奋斗、责任使命、亲情孝道、家庭亲子、两性话题、宗教政治、数据分析等类型。

按照感情色彩的不同，可以将素材分成幽默、温暖、热情、残酷、震撼、催泪等类型。

当然，有很多素材可能适用于多个场合和多种主题，这时不要怕重复，根据你认为适用的类型，把素材都分进去。

演讲素材的调用

做好素材分类之后，你就会发现神奇的事情出现了。

当你想写一个职场类型的演讲稿，讲述个人成长奋斗的励志故事或绝地反击的逆袭故事时，把这些关键词一一输入，有交叉特性的素材就出来了。

接下来根据自己演讲的时长筛选素材，然后把这些素材巧妙地串联起来，就可以清晰地呈现你的观点了。

总结

从现在开始行动，日常多多留心观察，有意识地去收集素材，打造自己的素材库。请注意，收集的素材一定要及时分类整理。

小测试

收集素材的途径包括____、____、____。

要点提示

重要观点

（1）不要过于担心缺乏舞台经验，只要创造机会勤加练习，登台演讲很容易。

（2）即兴演讲更考验一个人对素材的积累，以及一个人的自我调节能力。

（3）构建自己专属的素材库，并对素材详细地分类归档。等到调用时，你会发现演讲一点儿也不难。

高频问题答疑

（1）构建素材库，使用什么工具比较好？

（2）收集的素材杂乱，要使用时总找不到合适的，这时该怎么办？

答案▼

（1）手机上相关的软件有很多，如有道云笔记、印象笔记、石墨文档，这些都不错。

（2）第一，每个素材的标签设置要准确；第二，要及时整理分类，分类后还要定期进行复盘，可以每周一次；第三，隔三岔五回顾一下相关信息，新素材三天之内就要刻意地使用或分享出去。

课后作业

下载一款你喜欢的软件，尝试构造你的素材库框架。

第5章
从构思、布局、发表，到演讲的节奏

很多演讲者都喜欢在开场时说这样一段话："大家好，我是×××，接下来由我演讲。我今天很紧张，也没怎么准备，讲得不好的话请大家原谅。"这几句人人都会说，而且听上去是很谦虚的客套话，实际上传达的是什么信息呢？

"我今天很紧张"说明演讲者对自己的内容没有信心；"也没怎么准备"说明演讲者貌似不太尊重这个场合，连准备都不做；"请大家原谅"说明演讲者认为自己的演讲内容没价值，是在浪费别人的时间。这些话都严重降低了听众对演讲者的期望值。听众都不抱期待了，可能转头就去玩手机了，这样一次宝贵的、可以同时与很多人链接并生成影响力的机会就被浪费了。接下来，演讲者就需要用更大的力气，提供足以让听众惊喜的价值才能扭转这个局面。

正确的开场方式应该是什么样的呢？要心中有听众，凡是削减听众注意力的内容，都没必要说。特别是在演讲开始后的前五分钟——注意力的黄金时段，一定要强势输出最有价值的内容。

不要急切地专注于自己想说什么，而是要从听众的角度出发，关心他们想听什么。要把听众想听的内容，以及自己想传达的信息，用听众容易理解和记忆的方式编排出来。

一场成功的演讲，是需要规划和设计的。要确保演讲万无一失，就需要从构思、布局、发表三个阶段着手准备。

首先拆解第一步：构思一次成功的演讲，需做好以下四件事。

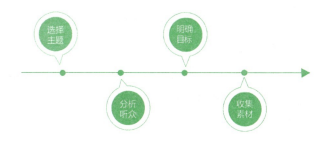

01 选择主题

选择演讲主题首先看活动的性质。一类是节庆和纪念日性质的，如国庆节、妇女节等；另一类是主旋律性质的，如对重要理论的学习、对英雄、榜样的学习，或者公司的动员和表彰大会。其次看主办机构的属性，主办方是青联、妇联、记者协会，还是商业机构等，顺着大主题继续细化，圈定风格和素材，再定一个小主题即可。

细化主题有两个标准。

1. 选择自己能讲和想讲的

能讲的领域通常有三个，分别是你的专长、你的职业、你的爱好，如表5-1所示。

表5-1 自己擅长的演讲领域

领域	具体说明
专长	专长是指你经过专门的训练所掌握的特殊知识和技能
职业	职业是指你过去或现在从事的职业，很多演讲内容是从职业平台延伸出来的对某个领域的真知灼见

续表

领域	具体说明
爱好	爱好是指你虽然没有相关专业背景和职业经历，但你非常热衷的领域，在这一领域你有长期的观察和投入

想讲的内容是，你深信可以提供某种深层价值、对听众有重要意义的内容。

2. 选择听众能听和想听的

你的演讲主题要考虑到听众的认知水平，要选择对他们来说新奇、有价值的主题。如果你不知道听众具体有什么喜好和需求，就主动去调查，尽可能多地获取听众信息。

02 分析听众

1. 分析听众要从两个角度切入：背景和心理

（1）背景分析。

听众的背景包括听众的性别、年龄、受教育程度和所属行业。社会经验的不同会导致不同群体对同一件事的看法存在很大差异，如表5-2所示。

表5-2 对听众进行背景分析

背景	分类	关注的方向
性别	女性群体	关注亲情教育，夫妻相处之道；更喜欢富有情感的故事，而不是冰冷的事实或数字
	男性群体	关注政治和新闻，更注重事实和数字
年龄	青年	关注升学和就业
	中年	关注事业和家庭
	老年	关注健康和安全

演讲者可以根据这些细分的背景的特点与倾向来使用素材。

（2）心理分析。

初步了解听众的背景信息之后，就要对听众的心理进行分析了。演讲者要提前了解听众对当前这个主题有多少认知，有哪些预设的立场，持有什么态度。最好的方法是与听众直接接触，可以设计需求调查问卷。

如果没有机会直接接触听众，则可以利用间接经验对听众进行分析。例如，从过去接触过这类群体的其他演讲者那里了解；搜索相关行业有影响力的公众号，看看有哪些流行话题；搜索与演讲主题相关的提问，看看微博上对相关话题的讨论。特别是当你的演讲主题存在争议时，这些前期工作将有助于你和听众提前达成部分共识。

2. 了解场合

除分析听众之外，了解演讲场合也非常重要。场合不同，听众的期待值也不一样。首先看演讲场合的气氛是严肃的还是轻松的。如果是气氛轻松的场合，那么演讲的调节气氛的功能要大于资讯含量。其次要了解听众是自愿参加的还是被要求来参加的，是免费参加还是付费参加的。这些因素决定了你的演讲内容的知识密度和你的关注焦点。

如果听众中的大部分人具有相同的经历和背景，并且是行业内的一个场合，那么你的内容就要有一定的专业性和深度，不能用太过浅显或者是普及性的内容，而且演讲语调要适度谦卑。

除此之外，演讲场地、出场顺序，都会影响演讲者对演讲内容的安排。

03 明确目标

演讲主题定好之后，接下来要梳理演讲的核心目标。这里的目标分为两个维度。第一个维度，听众听完演讲内容后能有什么收获。这可以让听众明白这次的演讲跟自己有什么关系，让他们对演讲的内容产生期待。第二个维度，你希望通过这次演讲达到什么目标。是向听众传递一个理念，还是说服听众做出某种选择；是获得良好的口碑，还是输出你自己的影响力。这些目标对你的演讲素材的使用和编排顺序都有重要意义。

案例1▼

> 我遇到过一名学习成绩非常优秀的学生,他为了参加学校的学生会干部竞选,用了好几天的时间做足了准备,但初选只是勉强通过。原因在于,他演讲时详细介绍了自己在初中、高中参加的各项比赛,以及获得的荣誉。结果发现台下的同学不是在玩手机就是在窃窃私语。
>
> 经过我的指点,他认真分析了原因。竞选学生会干部,个人能力优秀是一方面,这可以在竞选成功后慢慢展现。当下最重要的是,大家想知道如果选你做学生会干部,你能为同学带来什么。之后这位学生修改了讲演稿,把能为大家服务的内容讲得更清楚了,最终竞选成功。

04 收集素材

根据前三个环节确定了主题之后,最后一步就是收集素材,素材的功能是支持论点。

演讲素材的类型有很多,大致上可以分为事实素材和观点素材两类。事实素材是客观描述,观点素材是主观判断。

1. 事实素材

在事实素材当中,最常见也最好用的是案例故事和统计数字。

(1) 案例故事可以是真实的例证,也可以是基于现实虚构的、专门为演讲话题所设计的故事。

(2) 统计数字可以让听众对演讲的主题产生实体感和方位感。使用统计数字时,很重要的一点是要说明数字来源。演讲者除了要让数字为说明论点服务之外，还应该设法帮助听众理解数字，因为数字是抽象的。怎么帮助听众理解数字呢？有两个技巧——延展解释和换算类比（见表5-3）。

表5-3 使用统计数字的技巧

技巧	说明	举例
延展解释	利用信息的重复来加强听众对统计数据的印象	如果一场考试的通过率是34%，那就意味着每三个人中就有一个人是可以通过考试的
换算类比	将引用的统计结果用听众更容易理解的形式表达出来	大熊猫这个物种的濒危，是因为繁殖和养育能力的退化，可能大熊猫妈妈翻一下身就会压死熊猫幼崽。熊猫母子之间巨大的体重差异如果用人类来类比，就相当于一个体重120斤的母亲生出一个不到2两重的婴儿

2. 观点素材

观点素材也可以称为"金句"，这是很多演讲者特别喜欢使用的。现在很多公众号的爆款文章走的就是这个路线，先描绘一个容易引发代入感的具体场景，再选取一个很多人有共鸣的故事。故事不长，但是有吸引力。然后说明故事背后的逻辑，最后来个画龙点睛的金句。

发现事物背后的逻辑是一种能力，世界上完全创新的观点并不多，厉害的是那些将现有的观点以新的逻辑重组起来的新观点。历史上伟大的思想家、科学家和发明家都是信息采集高手，他们把那些已有的观点用全新的逻辑进行组合，得到一个完全不同的新观点。

布局

构思完成之后，下一个步骤就是把素材和观点有逻辑地组合在一起，这一步叫布局，即选择一个合适的架构来呈现演讲内容。

一篇演讲稿通常由三大部分组成：开头、正文及结尾。根据口语传播学者米勒的研究，演讲的最佳比例大概是，开头占演讲总时长的 10%~13%，结尾占 5%，而演讲的正文部分则占 82%~85%。也就是说，一个 10 分钟的演讲，开头应该占 1 分钟左右，最后用 30 秒钟来结尾。

演讲三部分的最佳占比

接下来着重对正文部分的架构进行分析。

演讲正文部分的主要论点，最好能依据某种逻辑来串联。每个话题的排列方式、话题中各个要点的组合逻辑有四种常见的模式。

01 时间顺序

根据话题发生的时间先后来排序。最简单、易用的逻辑就是过去、现在、未来。

02 空间顺序

《西游记》里的九九八十一难就是按照空间顺序（一路向西的架构）展开的。个人成长类的主题演讲也可以采用空间顺序，讲述自己一路走来所处地理坐标的变化，画出自己的成长轨迹。

03 递进顺序

递进顺序可以是递增，也可以是递减。通常颁奖典礼的颁奖顺序都是按照奖项重要程度递增的方式来排序的，把一些小奖放在前面，大奖放在最后。有高潮，有压轴，让观众的关注度一路向上攀升。

04 因果顺序

可以是先因后果，也可以是先果后因。例如，先给出一个重要的结果以吸引听众的注意力，进而让听众产生探求原因的好奇心，这就是先果后因的模式。先因后果是先说明原因，再阐述结果。

除了上述通用的逻辑模式，演讲者还可以创造独特的架构，作为自己的演讲要点的排列方式。但是所有的逻辑架构都应该符合两个原则，一是简单，二是好记。在演讲的过程中，听众的耐心是随着时间的流逝而慢慢减少的，因此演讲稿的架构要符合听觉习惯，一定要做到要点突出、结构简单。

建议大家采用最简单、最安全的方法：三段式三点法。开头、正文、结尾共为三段，正文部分又分三个论点，这样可以大幅增强有效记忆。

01 背稿

演讲稿写好之后，用什么方式来发表呢？有的人选择完全读稿，有的人完全脱稿，还有一种比较中庸的方法是半脱稿。通常建议大家从半脱稿这个阶段开始进阶。也就是开头和结尾脱稿，因为这两个部分篇幅一般不长，而且头尾的语言都是经过精心设计的。最关键的是，开头和结尾是听众关注度最高的部分，非常有利于演讲者展示自己最有风采的一面。

02 熟练讲述故事

一个演讲稿里的故事部分对听众来说是最具吸引力的，故事的生动性很大一部分来自演讲者的表情和动作。如果演讲者选取的故事是自己的亲身经历，就必须做到脱稿表达，让自己的眼神、肢体从看稿子这个动作中解脱出来，专注于对故事的讲述和与听众的交流。

演讲稿的记忆和背诵与爬山一样，也有一条缆车通道——演讲大纲。缆车沿途的景点就是需要分段落记忆的演讲稿的精彩片段。

03 记住大纲

记住大纲会让演讲者对自己演讲的进程有方位感。先记住每一段的开头句和结尾句。如果是按照三段式三点法来规划全文的，则需要完全记忆的就是三个段落之间的串联词，外加三个主要论点，再加上整篇演讲稿的开头和结尾。这样分割下来，记忆演讲稿就轻松多了。

有时即使前期准备得很充分，但正式演讲时也可能会因为怯场而导致头脑一片空白。所以尽量不要让大脑记忆文字，而是去记忆流程和步骤。

这里介绍一个小方法：定稿之后，先排一个便于记忆和操作的版式。哪些字句需要在语言加工上做些设计，就把这些字句放大加粗；哪些段落在时间紧张的情况下可以跳过，就在这些段落上打斜线；哪些部分应该加入手势，就打一个星号；讲到哪些段落时需要出示PPT或者其他音像素材，就打一个箭头。这样排好版后就为整个演讲梳理了流程和步骤。演讲者的脑海会瞬间明朗，只需要记得有几个星号、几个箭头即可，无须像过去那样，因为一堆文字而给自己造成巨大的记忆压力。

因时长与场域变化的演讲调整方案

我们常说计划没有变化快，尤其是电视直播和会议场合，因为语言表达的高弹性和人为不可控制的因素，语言类的节目形式在临场时被要求改动的事例数不胜数。

因此，我养成了一个习惯——一份演讲稿做三个版本，分别为加长版、精简版和急刹车版。

01 加长版

方法一：扩展素材

不需要在逻辑架构上做调整，也就是说，不增加论点和分论点，而是在素材选取上再丰满一些。既有正方的事例，也有反方的事例；选用的故事情节可以再扩展一下，列举的统计数据可以提供更多的调查样本。

方法二：现场收集素材并验证

用互动和提问的方法，在现场听众中寻求对观点的验证或者对事实的共鸣，把球丢给听众。例如，讲述自己的一段经历，然后问听众是不是也有过类似的经历，并请有过类似经历的听众来分享一下自己的经历。或者介绍一种立竿见影的方法后，叫一个听众配合你展示应用此方法前后的效果。

02 精简版

方法一：浓缩精华

不改变整体逻辑架构，每个段落的论点和分论点保留精选的三句话。

案例2 ▼

> 我参加过一个研讨会，很多人都要演讲。但因为流程的关系，需要临时压缩演讲时间。当前面的演讲者还在长篇大论时，时间已经很紧张了，于是我马上调整了思路，把自己要讲的内容浓缩成了三句话，结果效果出奇的好，所有人都记住了这三句话。

方法二：突出最重要的一点

只保留观点中最重要的一个，只选取为这个观点服务的一个故事，只重复一个金句，其他部分果断舍弃。一定不能用加快语速的方法来压缩演讲时间，否则效果会非常差。加快语速等于牺牲自己对场域的控制，去换取一个草率的结尾。

03 急刹车版

方法一：预留空间

给每一个段落预留一处随时可以导入结尾的空间。

案例3 ▼

> 我曾受邀在某著名企业做一次预计时长为3个小时的培训,主办方在培训进行到1小时45分钟时,告诉我由于一些不可抗的原因,培训需要在2小时内结束。
>
> 因为养成了做3个版本的习惯,我在每一段演讲后都会留一个可以直接导入结尾内容的空间。所以我在培训进行到将近2小时,并把上一个主题讲完后,就通过一个简单的过渡,直接结束了培训。

方法二:说最重要的一句话

只说最重要的一句话,并留下联络方式。建议你的最后一页PPT一定不要用一句毫无感情色彩的"谢谢倾听"一笔带过,而是把你最重要的观点重申一次,并留下你的联络方式,让听众产生一种精彩未完待续、期待"再续前缘"的感觉。

演讲节奏感

演讲过程中,听众的眼睛在看你的舞台形象呈现,耳朵在听你的声音内容表达,整个过程是随着时间线性流逝的。不同的时间长度,注意力的集中程度是不一样的。

演讲需要在一个场合下发生,可以是一对一沟通,也可以是一对多沟通。不同的空间场域,对语气和表达内容的要求都不一样。

关于对演讲节奏感的掌控,很多人从字面上理解,以为是控制语言的节奏感。其实这里所说的演讲节奏感,指的是内容设计、情节铺陈的节奏,如表5-4所示。

演讲的节奏感

不是语言的节奏感,而是内容设计、情节铺陈的节奏。

表5-4 演讲的节奏感

概念	具体说明
演讲节奏感的意义	通过刻意的环节设计和内容设置,让听众在一定时间范围内的获得感和价值感达到最大
演讲节奏感的关键	抓住不同时间和场域的关键特点,让你的演讲在听众心中留下深刻的印象

1分钟演讲的结构

对于1分钟的演讲,要让听众记住什么,对双方的沟通价值才是最大化的呢?答案是让他记住你的名字,记住你有何不同,记住你的价值。如果对这1分钟的演讲结构做细致划分,可以分成三段来设计。

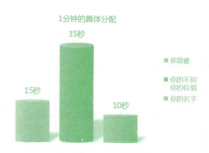

第一段内容,用15秒说出你是谁;第二段内容,用35秒说明你与别人的不同,以及你能提供的价值;第三段内容,用10秒重复你的名字。

接下来我给大家做一个亲身示范。

案例4▼

> 大家好，我是北北，一个来自东北边境的"十八线"小镇的姑娘，零经验进入媒体行业，用10年时间获得了中国播音主持界的最高奖——"金话筒"奖。20年来以说话为职业，被听众誉为句句"扎心"的女主播。
>
> 我人生的重要拐点是2008年的四川汶川大地震，当时我在灾区徒步采访了45天，偶遇温家宝总理，他穿过人群与我握手，说了声"保重"。我将用余生去践行"把最好的价值交给最值得托付的人"这句话，这是我历经生死考验总结出的人生态度。进入线上演讲培训领域后，我的第一张成绩单是3个月创造了单一平台课程销售额超过百万元的业绩，目前付费学员达3万+，位列某平台演讲品类第一名。
>
> 未来关于演讲这件小事，就请大家放心交给北北吧！

要让别人在1分钟内记住你的演讲内容，你需要用200字左右的内容涵盖姓名拆解、身份标签、成就事件、提供价值。要尽量用具体事例和具体数字来说明，注意逻辑层次与内容组合。

1分钟的内容设计是最基础的，只要搞定了1分钟的演讲结构，不管日后要做多长时间的演讲，内容长度都好处理。下面就来拆解3分钟的演讲结构。

3分钟演讲的结构

3分钟，差不多是1000字的文字量。小时候我们写作文，字数要求是不低于800字。换句话说，无论是完成一个完整的叙述，还是一个相对完整的议论，3分钟时间都足够充分了。

如果是3钟的演讲，就聚焦听众最爱听也最重要的三部分内容：1分钟讲故事，1分钟讲态度，1分钟讲你能提供的价值。

你的态度和你能提供的价值，本质上跟1分钟演讲的内容是一样的。接下来主要看看怎么讲好一个故事，让听众记住。

一个好故事主要包括四个重要元素——目标、行动、障碍、结果。

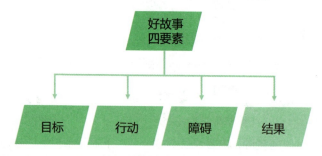

你讲述的每一个故事都是你的人格倒影，你选取的故事也要与自己的演讲主题和人设契合。举例来说，你的主题是奋斗、励志，你给自己的人设是不服输、不怕苦，那么你的故事就要围绕这些关键词去讲述。

总结

一场完美的演讲，从构思、布局、发表到演讲的节奏，每一步都要把握好。

小测试

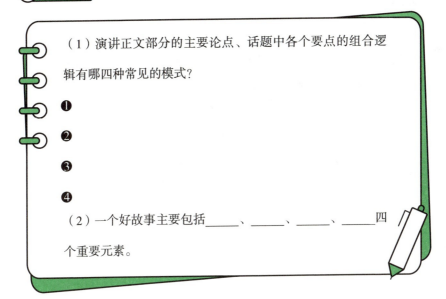

(1) 演讲正文部分的主要论点、话题中各个要点的组合逻辑有哪四种常见的模式？

❶

❷

❸

❹

(2) 一个好故事主要包括＿＿＿、＿＿＿、＿＿＿、＿＿＿四个重要元素。

要点提示

重要观点

(1) 不要只考虑自己想说什么，而是要从听众的角度出发，关心他们想听什么，把听众想听的内容以及自己想传达的信息用听众容易理解和记忆的方式编排出来。

(2) 细化主题有两个标准：第一，选择自己能讲和想讲的；第二，选择听众能听和想听的。

(3) 让大脑不要去记忆文字，而是去记忆流程和操作。

高频问题答疑

(1) 经验不足的演讲者可以通过哪些渠道搜集到好的素材？

(2) 演讲过程中出现失误，怎样救场比较恰当？

答案▼

（1）第一，在网络中寻找与演讲主题有关的关键词，找出与演讲内容契合的素材；第二，从同类书中找类似的素材；第三，在平时的生活中发现好的素材，及时归纳整理。

（2）第一，对于不明显的错误，如果不是特别重要，可以直接跳过；第二，对于稍明显的错误，立刻重说一遍正确版本，并强调以此为准；第三，对于非常明显的错误，可以诚挚地道歉或使用幽默的方式化解。

课后作业

你受邀参加读书会活动，请你选择自己最喜欢的一本书，并做一个3分钟的读后感分享。

第6章
设计好开头和结尾，事半功倍地获取超高人气

有句话叫"良好的开始是成功的一半",这句话在演讲领域是绝对适用的。开头和结尾是听众注意力最集中的两个黄金时段。一个好的开场,能够在一开始就给听众留下良好的第一印象,听众对后续内容的关注度和接受度也都将因此提高。

演讲开头

前文中讲过,开头应占演讲总内容的 10%~13%,在这 10% 左右的篇幅里,要告诉听众四件事:演讲的主题是什么;这个主题和听众有什么关联;凭什么由"我"来讲(或者是"我"与这个主题有什么关联);听众能从演讲中得到什么价值。

这四件事对应了演讲开头的四大功能:引起注意、建立关联、树立权威、解释重点。

📋 **案例1** ▼

> 红姐是演讲训练营里的一名学员。有一次,她应邀为分公司的服务部门进行一场培训,她把培训的开场白拿给我看,请我点评。
>
> 当时红姐准备的开场白是这样的:
>
> "大家好,我是总公司 XX 部门的主管 XXX(名字),大家都喜欢亲切地叫我一声'红姐'。今天十分荣幸能够来分公司和大家分享我个人的一些工作经验和技巧,接下来我将根据比较常遇见的几种情况和大家一起分析工作中该如何和客户沟通交流。"
>
> 我的点评是,条理清晰,内容简洁明了,但是缺乏吸引力。
>
> 根据我的建议,红姐对前文所说的四个关键问题逐一进行回答,并

重新整理了一份演讲开头，终稿如下：

"大家好，今天我为大家讲课的内容是《如何高效地和客户沟通，并获得客户满意》（引起注意）。作为服务部门，我们的职责是为客户解决疑虑以获取客户的信任，便于公司更顺利地开展业务。因此，和客户打交道就是我们的主要工作内容（建立关联）。我从入职到现在，在总公司工作了将近8年，曾经带领部门小组获得了五次公司颁发的'服务质量金奖'（树立权威）。通过今天的分享和学习，我希望能够帮助各位小伙伴在日后的工作中避免一些常见的错误，提高大家和客户交流的效率，可能还能帮助大家提早下班哦！（解释重点）"

对比前后两份演讲开场白，明显能感觉到后一段演讲开场对听众的吸引力更大，更能勾起听众倾听的欲望。

如果错失了开场时吸引听众注意力这一良好时机，那么在接下来的演讲中要重新获取听众的关注，难度比开场时要大很多，甚至有可能会让演讲的气氛越来越低沉。

除了围绕四个功能来设计演讲开头，还有一些技巧也能帮助我们更好地引起听众的注意。这些方式包括以小故事开场、设计悬念、利用令人震撼的事例或数据，以及向听众提问。

01 以小故事开场

故事能够渲染气氛,以小故事开场是帮助演讲者营造现场气氛的关键技巧之一。

爱听故事、对他人的经历抱有好奇心,是人类经历了数千年发展仍然保留的特性之一。以小故事开场,正是利用了这份好奇心来获取听众的关注。这种开场方式虽然有很多优点,但是也需要注意几点:一是尽量使用情感上和经验上能给人启发的亲身经历,这样更有吸引力;二是选用的故事要与演讲主题有关,这个关联能自圆其说就好;三是故事叙述一定要精简,开场故事的主要作用是自然地引出演讲主题。

案例2

> 新东方教育集团的创始人俞敏洪擅长在演讲中讲故事。在一次演讲中,俞敏洪用了张家界天子山的故事作为演讲开头,这场演讲的主题叫《成长的空间》。
>
> 他说:"张家界有一座天子山,这座山的坡度接近50度,原则上好像不可能上得去,但是人们修了一条世界闻名的路,这条路以拐弯非常多,可以把中巴和中巴以下的小车全部送到山顶。人的成长也是这样的,是一个曲折但不断升高的过程……"

在演讲时,俞敏洪老师以天子山作为故事开头,人们不禁好奇,这个天子山会有怎样的故事呢?又和演讲的主题"成长的空间"有怎样的关联?故事结尾从山路延伸到人的成长,不仅契合了"成长"的演讲主题,而且十分形象地利用山路的曲折描述了"成长是曲折但不断升高的过程"这个理念。

02 设计悬念

用故事作为演讲开头只是利用听众的好奇心来吸引听众注意力的方式之一,还有一种更直白的方式,便是通过"埋钩子"的方式设计悬念,勾起听众的好奇心。而听众为了得到答案,自然会对接下来的演讲充满期待。

案例3▼

> 杨经理连续三年获得了公司的年度销售冠军,在年终晚会时被公司领导邀请上台进行演讲。
>
> 在开场时,他是这样说的:"我十分感激公司给予我机会,让我能够在公司提供的舞台上发挥所长,但我更感激公司会议室墙壁上挂着的一句话。每次我遇到难以拿下的客户时,我就在心里默念这句话;每当部门遇到难以解决的问题时,我也在心里默念这句话。这句话有着极大的魔力,一念起它,我的心里就充满了力量,也变得不再烦躁。这句话大家都在会议室里看见过,大家知道我说的是哪句话吗?"

设计悬念既是吸引注意力的好方法,也是一种互动,可以让听众带着好奇,饶有兴致地开启探索答案的"旅程"。开头的悬念加上结尾的答案揭晓,也更容易突出演讲主题,令演讲的整体结构更有设计感。

03 利用令人震撼的事例或数据

利用令人震撼的事例或数据作为演讲开头,也是常用的一种开场方式。这些事例或数据通常会使听众的认知受到较大的冲击,进而使听众迫切地想知道数据或事例背后的故事。

> 案例4 ▼

> 2010年TED演讲会上,儿童营养大师杰米·奥利弗是这样开场的:
> "各位可能并不知道,在我接下来的18分钟的演讲时间里,将有四个美国人因为饮食问题而死亡。在过去7年中,我一直在努力用自己的方式拯救人们的生命,但我并不是一名医生,而是一名厨师……"

在这场演讲中,杰米没有直接向听众强调饮食问题的重要性。但是以这样的数据作为演讲开头,听众会深刻地认识到饮食问题与自己关系密切,从而聚精会神地倾听杰米接下来的演讲。

04 向听众提问

除了前述三种开场方式外,还有一种比较讨巧的演讲开场方式,即向听众提出一个或者一连串的问题,引发大家思考。这种方式可以在听众分心或者处于游离状态的时候吸引听众的注意力。向听众提问,既是互动,也是暖场,还能做现场调查,引发思考。听众思考越深入,接受观点就越牢固。

> 案例5 ▼

> 刘明在大学毕业那年提前通过了世界500强企业的实习考核,顺利与企业签约,成为正式员工,还作为优秀应届生受学校邀请回校演讲,他当时演讲的题目是《走出误区,实现价值》。
> 在演讲开始前,会场上不少同学在低头玩手机或交头接耳,他走上台提出了一连串的问题:"同学们,当前大学生求职出现了前所未有的困难,原因是什么呢?是我们国家的人才太多了吗?是我们学习的知识

过时了吗？还是我们的素质达不到社会要求呢？面对这些问题，作为即将走出校门的准社会新人，又该如何应对呢？"

一连串问题说完之后，低头玩手机或交头接耳的同学纷纷停下来了，都抬起头来看向他，因为这些问题正是潜藏在同学们心中的疑惑，刘明帮他们把这些疑惑说出来后，他们就不由自主地跟着刘明的话语开始思考，注意力也被吸引到演讲上了。

当大家被引导着跟演讲者一起思考的时候，好奇心和注意力就会高度集中，演讲者得出的结论会非常自然地被接受。

最后，演讲开头切忌将内容扯得过远或者过度客套。在听众注意力集中的黄金时段，要做到强势输出价值最高的内容。

演讲结尾

很多人对演讲的开头都足够重视，对演讲结尾却有些轻视。演讲者常用的一句结尾是："因为时间关系，今天就讲到这里。"无论之前的演讲内容多么精彩，这一句话的杀伤力都足以抹杀前面的所有努力。这句话的潜台词就是："我没有估算好时间，咱们说到哪里算哪里"，给人草率敷衍的感觉。

为了提高结尾的效果，正确的做法应该是怎样的呢？两个关键词：回放经典、激励行动。

回放经典就是再次强调核心的观点，留下影响力。

激励行动就是提出一个高价值的愿景，在听众心中造梦，造一个让听众坚信可以实现的梦。

建议大家结尾时全程跟听众保持目光接触，完全脱稿，摘要式地回顾整个演讲的重点，强化听众的印象，令听众产生要行动的强烈意愿。

> 与听众保持目光接触 → 完全脱稿 → 摘要式回顾演讲重点 → 激发行动或加强听众情绪

案例6

> 我国著名的企业家马云先生，有一次受邀参加大学活动，他为了激励大学生奋发向上，进行了一次题目为《而今迈步从头越》的演讲。在演讲结尾，他是这样说的：
>
> "同学们，醒醒吧！是该醒的时候了！不要被习惯所拖累，不要被时间所迷惑，不要被惰性所消磨。让我们拿起笔算一算我们四年求学需要的费用，问问自己，是否对得起父母为我们付出的一切。
>
> 同学们，想想吧！是该想的时候了！罗马并非一日建成，成功更非一蹴而就。为了自己，为了毕业以后能找到好的工作，是时候充实自己、改变自己了！
>
> 同学们，一起努力吧！只有全力奋斗，才能收获满满！"

关于演讲的开头和结尾，可以用八个字作为标准：始于喜悦，终于智慧。让听众在愉悦、轻松的氛围中聆听演讲，在收获和感悟中结束聆听。希望我们每一次开始和结束演讲面对掌声的时候，都能对得起这八个字。

说完方法技巧，再来说一个经过验证的技术层面的知识点。美国传播学者的调研结论显示，台上一分钟的演讲，对应的台下准备时间至少为一个小时，而且这个时间是有效准备时间，不是时间跨度。

总结

如果你即将发表的演讲实在因为时间仓促，来不及精雕细琢，最有效的救场办法就是设计好开头和结尾。开头和结尾是观众注意力最集中的时间，先拿到"印象分"，提升演讲整体效果。

但是请注意开头不要过度谦虚客套，"我也没做什么准备"这句话很降低听众的期待值，结尾也不要说"时间关系，只能讲到这里了"，这句话显得演讲者没有时间把控能力和内容规划能力，都是有损传播效果的。

小测试

演讲开头的四大功能是____、____、____、____。

要点提示

——— 重要观点 ———

（1）大部分演讲的开头可按照"引起注意、建立关联、树立权威、解释重点"这四个要点进行设计。

（2）以小故事开头时应注意，故事要精简、新颖，能引起听众的好奇心，但故事要与主题有关联，不要喧宾夺主。

（3）演讲开头时可设计悬念吸引听众，但切忌强行制造悬念，或设计的悬念与演讲主题毫无关联。

（4）演讲开头时切忌将内容扯得过远或过度客套，在听众注意力集中的黄金时段，要强势输出最有价值的内容。

（5）演讲结尾时简要回顾整个演讲的重点，再次强调要表达的中心理念，可用呼吁性的语句激发听众的行动力,强化影响力。

高频问题答疑

(1)行业内/公司内职位不高的新人要进行演讲,该如何设计开场?

(2)演讲开头如果无法吸引听众,接下来要怎么挽救?

答案▼

(1)职位不高或在行业内没有威信的新人演讲时,可以不用强调"树立权威",而是最好选用自己经历过且与主题关联性较强的故事作为演讲开场。这样可以拉近与听众的心理距离,也能吸引听众的注意力。

(2)演讲开头如果没有达到预期的效果,也无须过于担心,保持对自己演讲内容的信心,在演讲结尾时通过简要的观点复述使听众再次聆听你想表达的思想,再通过有感染力的呼吁性话语激发听众的情绪,这样同样可以完成一场富有感染力的演讲。

课后作业

假设你受邀做一次演讲,主题是分享一项你引以为傲的技能,请你尝试着设计一段精彩的演讲开头和结尾。

Part 3

讲好故事

TELL A GOOD STORY

第7章
为什么你总是讲不好故事？优秀故事的四要素

- 故事的四要素
- 讲好一个故事

真的没什么可讲吗？

- 自问自答
- 进行有主题的自我挖掘
- 用抽词法来训练讲故事的能力

讲自己的故事，"自嗨"却抓不住重点

- 开头讲清楚时间、地点、人物
- 一个故事里最好不要超过三个人物
- 整个故事的主线只有一条

第7章 为什么你总是讲不好故事？优秀故事的四要素

如果自我介绍是演讲开场时的标配模块，那么另一个更高级的模块就是讲述自己的故事。好的故事会让品牌更有温度，也更有附加价值。

案例1

> 近几年，某品牌的卫生巾越来越为人所熟知，其创始人是一个"85后"男生。
>
> 在卫生巾市场已经非常成熟、竞争很激烈的情况下，该品牌在正式上线销售后，第二年就成功拿到了700万元的融资。短短一年多时间，从0做到了上千万估值。用户复购率、转介绍率、微信公众号投放的转换率均极高，如今早已经完成千万融资，准备发展线下实体店。
>
> 很多人知道这个品牌，始于一篇刷爆朋友圈的公众号文章。这篇文章写的是，该品牌的创始人偶然间得知女朋友对国内所有的卫生巾都过敏，每次都托朋友从国外代购，于是他决定亲自为女友生产一款不同于国内其他品牌的卫生巾。这样的爱情故事，不但收获了万千女性的喜欢，更使很多男生以"给自己女朋友买卫生巾"为荣。
>
> 后来这个品牌还拍了一个软广视频，讲述的是一位女性从少女时面对生理期的紧张羞涩，到为人母后对青春期女儿的关怀备至，再到自己更年期不得不面对老去的事实。整个视频以女性小半生的生理期为主线，最后女儿发出心声：希望母亲像疼爱她那样疼爱自己。
>
> 这样的爱情和亲情故事，稳准狠地击中了读者内心最柔软的部分，是一个非常成功的以"讲故事"创品牌的案例。

那么，如何讲好故事呢？首先需要了解故事应该包含什么。

故事的四要素

一个好故事由四个重要元素构成,分别为目标、障碍、行动、结果。

《西游记》是中国四大名著之一,讲的是师徒四人去西天取经,历经九九八十一难的故事,这其中就包括了一个优秀故事的四要素,如表7-1所示。

表7-1 《西游记》四要素

要素	具体说明
目标	去西天取经
障碍	九九八十一难
行动	不同的人物性格选择不同的行动方式,不同的行动方式产生不同的新故事,从而带来不同的后果 唐僧:坚定 孙悟空:在斩妖除魔方面非常有功劳,但是受不了委屈,也不太服从管教,逼急了就撂挑子 猪八戒:好色、嘴馋、"迎难而退"、爱搬弄是非,还总想着回高老庄找高小姐 沙和尚:忠心,承担的基本上是留言板和字幕组的功能,最常说的三句话是"大师兄,师父让妖怪抓走了""大师兄,二师兄让妖怪抓走了""大师兄,师父和二师兄都让妖怪抓走了"
结果	行为导致结果,故事里的结果是要重点讲述的情节。为什么会导致这个结果呢?需要在每一个要素中给出合理的铺垫和解释

讲好一个故事

一个合格的故事的基本结构看似简单,可是很多人讲到自己的故事时,常常会出现两种情况：一种是觉得没什么可讲的；另一种是讲得滔滔不绝，却抓不住重点。

真的没什么可讲吗？

这个问题其实应该是"怎样挖掘自己的故事"。可以通过下面三个方法有效挖掘自己的故事。

01 自问自答

可以利用碎片时间多问问自己以下问题。

- 到目前为止，我最开心的事情是什么？
- 我最喜欢的人是谁？
- 我对未来的另一半有什么要求？
- 我最喜欢哪个歌手？
- 我最向往哪一座城市？
- 如果时间可以倒退，我最想回到哪个年纪？

……

所有你可能问别人的问题，都先问问自己，然后尝试回答。有时候不是你的经历太苍白，而是因为你不经常梳理，这些零散的信息堆积在大脑里并没有被提取出来。每一个平凡的经历，都是带着人间烟火气的好故事，那是每一个人的"来路"。听众也是平凡人，他们也在故事中寻找"同路人"。再好的故事，若没有被讲述出来，那么它背后的意义也只能被封存和掩盖。当你习惯去梳理、去分析、去输出之后，你演讲中的故事素材就会越来越丰满。

02 进行有主题的自我挖掘

我们经历的每个故事的主题都可以分成四大类。

1. 童年故事

还记得《童年》这首歌吗？我特别喜欢里面的歌词，非常有画面感，每一个细节都会让我产生强烈的共鸣。你的童年呢？生活在哪里？是山村还是都市？你和你的玩伴经历过哪些有趣或者是伤心的事情？童年的记忆可以影响人成年后的性格，这些故事值得回味一生。

2. 学生时代的故事

是否有一个对你来说很特别的女同学或者男同学？你的老师是个怎样的人？你是什么时候开始真正懂得为自己奋斗的？这些都是非常生动、容易产生共鸣的好故事。

3. 亲情类故事

你跟哪些家庭成员有着特殊的感情？尤其是那些跟着爷爷奶奶或者外公外婆长大的小伙伴，应该和在爸爸妈妈身边长大的小伙伴有很多不同的经历。这些回忆都是很纯真的故事，即便是悲苦、曲折的经历，也因为有亲情血脉的连接，而变得独特和珍贵。

4. 个人成长类故事

你的生活中有哪些人、哪些故事，让你领悟了一个重要的人生道理，或者改变了你的生活轨迹？你的朋友、你的"伯乐"或者是你一个有能力的同事，你认识的经历了很多磨难却依然很坚强的人等,这些都是你的故事素材来源。

03 用抽词法来训练讲故事的能力

过了能够讲好自己亲历的故事、身边的故事这一阶段,就可以进阶,训练自己构思故事的能力了。例如,用抽词法给定人物要素、场景要素、物品要素和情绪要素,如表7-2所示。

表7-2 抽词法涉及的要素

要素	内容
人物要素	老人、小孩、男人、女人、医生、警察等
场景要素	公园、海边、学校等
物品要素	行李箱、钥匙、钱包等
情绪要素	开心、悲伤、感动等

在不知道该讲什么故事的时候,就从上表中这几种要素(人物、场景、物品、情绪)里找一个关键词,再把几个关键词组合在一起串联成一个故事。可以先从自身经历中去找能够匹配的故事,这样有助于养成记忆提取和调用的习惯,在人际交往的话题讨论中,就不怕冷场了,因为你已经建立了根据场景和情绪快速反应、提取故事的能力。

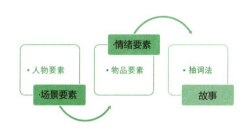

讲自己的故事,"自嗨"却抓不住重点

针对容易"自嗨"这种情况,需要在表达过程中等一下别人的思绪,因为这是你自己经历的故事,不是对方经历的。在你描绘了一个场景后,你自

己身临其境了,但是对方还在脑海中构建画面,所以你的描绘越准确、越有细节、主线越突出,对方跟你才越有共鸣,被你影响和打动的概率才越高。

此处有三个秘诀分享给大家。

01 开头讲清楚时间、地点、人物

比如,"从前有座山,山里有座庙,庙里住着一个小和尚"。时间、地点、人物,5秒钟就交代清楚了。

很多人刚开始讲故事的时候,并没有控制故事节奏的概念,也没有控制故事的时间线和场景转换的概念,一上来就营造很多个场景。要习惯一次只把一个故事讲清楚。说时间的时候,尽量具体到准确的年份、日期;描述一个地点、一个人物时,尽量出现具体的名称,后面再自然而然地接上一个故事。

02 一个故事里最好不要超过三个人物

📋 案例2▼

> 那天我在马路上遇到了小明,小明带我去了小红家。在去小红家的路上,我们看到一个老奶奶摔倒了,把老奶奶扶起来之后,又看到地上有一枚硬币,于是我们捡起了硬币并将它交给了警察叔叔。

我完全不怀疑这个故事的真实性,但是在有限的演讲时间里讲述出来的时候,短短几分钟的小故事里没办法承载太多的人物,听众会找不到重点。如果给听众太多重点和线索,听众的大脑就会被这种不确定性干扰,出现记忆断点。

切记,即使是真实的故事,也要根据主题做情节取舍。

03 整个故事的主线只有一条

你要讲的故事,主线只能有一条,这样才不容易让听众产生理解偏差。

案例3▼

> 2019年国庆期间,由陈凯歌总执导的电影《我和我的祖国》上映了。作为新中国成立70周年的献礼,该片选取了过去70年里祖国经历的无数个历史性难忘瞬间。
>
> 整部电影虽然一共由7个部分组成,但观众看完,除了觉得特别"燃"之外,并不觉得零散。因为一个个鲜活的、平凡的人和他们的奋斗故事形成了一种聚合、一种向心力,唤起了大家深埋于心中的记忆,反衬出国家在苦难中日益强大,以及这份强大带给人民的切身幸福。

总结

一场成功的演讲离不开一个好故事,把一个故事讲清楚,有细节的描述,令听众产生共鸣,会让故事更有影响力。

资源提取码: 210106

小测试

（1）一个好故事的四大元素是＿＿、＿＿、＿＿和＿＿。

（2）讲故事时，要习惯一次讲＿＿个故事，整个故事的情节和主线有＿＿条。

（3）我们经历的故事可以分成四大类，分别是＿＿、＿＿、＿＿和＿＿。

（4）挖掘自己故事的三个小方法是＿＿、＿＿和＿＿。

要点提示

重要观点

（1）你自己的人生经历就是第一大素材库。

（2）听众是能听出来你讲的故事是否为真的。真实是一种力量，也最容易产生共鸣。

（3）把一个故事讲清楚，再去讲下一个，切忌一次性营造多个场景。

高频问题答疑

短时间内想说很多，而且有很多情节，该怎么讲述？

答案▼

这种情况下也需要一个情节一个情节地来。越是时间短，越是要把一个故事讲清楚。有一个经典的面试案例，"如果只让你对面试官说一句话，你会说什么？" "我叫XXX。" 肯定说名字啊！

课后作业

你要参加一个社交活动，开始时需要做一个1~2分钟的自我介绍。请通过讲述一个小故事的方法来让大家更好地认识并记住你。

第8章
三个让听众身临其境的故事吸引法

排除干扰,听众注意到你时再开口

讲到重要情节和主线时要做好语气辅垫

转换视角,多讲述真实体验

让自己讲述的故事有吸引力,是一位优秀的演讲者必须具备的能力。这里分享三个让故事有吸引力的方法。

如何让故事有吸引力
- 01 排除环境干扰,听众注意到你时再开口
- 02 讲到重要情节和主线时要做好语气铺垫
- 03 转换视角,多讲述真实体验

排除环境干扰,听众注意到你时再开口

好的故事需要一个好的背景,聪明的故事讲述者一定会给听众提供一个适合听故事的氛围。如此一来,这个场域当中所有的人都可以专注于故事情节,而不受到干扰。可以用一些停顿,用一些强调,甚至用一些背景音乐,把听众游离的思绪拉回到"听故事"这件事情上来。如果现场很嘈杂,或者你自己还没有准备好,那么一定不要仓皇上阵,而要给自己一个镇定的时间,也给听众一个回神的时间。

📋 案例1 ▼

英国前首相丘吉尔人生中最后一次演讲是在剑桥大学的毕业典礼

> 上，当时整个会场有上万名学生，大家都充满了期待。当然，现场也很嘈杂。
>
> 丘吉尔在随从的陪同下缓缓地走进会场，虽然看上去很苍老和疲惫，但他依然自信地登上讲台。面对台下听众的欢呼声，丘吉尔并没有马上开始演讲，而是先打着噤声手势向听众示意，等全场真正安静下来，他才第一次说出那句经典的"Never, never, never, never give up（永不放弃）"。
>
> 掌声响起，过了一分钟，他再次打着噤声手势向听众示意，第二次说出了那句"Never, never, never, never give up（永不放弃）"。

讲到重要情节和主线时要做好语气铺垫

我们在看电视或电影的时候，都有这样的经历——当一个悲剧人物出场，或者主角遇到重大磨难时，画面里的环境都会比较苍凉、萧瑟，为的是渲染气氛，达到"屋漏偏逢连夜雨"的戏剧效果。

演讲也是如此。一场演讲，是严肃庄重、让人时刻警惕的，还是诙谐幽默之后令人沉思的，它的基调在开场时就基本确定了。后面所有的讲述，都是在这个大情绪下的发挥。

如果演讲者全场都是一样的语调，没有停顿、强调、轻重缓急，也没有个人情绪在里面，那么很难引起听众的共鸣，也会让听众失去倾听的欲望，使演讲效果大打折扣。

如何调动听众情绪,引发共鸣呢?

这里有一个简单的元素——语气。比如一个"唉"字,虽简短,却足以传递出演讲者的失望心情;又或者用一个"哇"字,传递出欣喜之情。

案例2▼

2015年年初,消失许久的著名主持人柴静因为一部关于雾霾的纪录片——《穹顶之下》,又一次回到大众视野。

该纪录片通过权威的数据、一个个真实的案例等,用演讲的方式揭开了关于雾霾的很多真相,一时引起社会热议。而柴静的演讲方式也特别值得学习:理性、幽默、优雅又情感丰富。其中,她以一位母亲的角度来讲述时最为打动人。

在开场白之后,她说到自己在西安出差的那天晚上,因为雾霾而咳得睡不着觉。回北京之后,她知道自己怀孕了,羞涩中带着欣喜。

PPT中出现她女儿的B超照片,这是她在这场演讲中第一次提到女儿,"听到她心跳的那一瞬间,对她没有任何期望了,健康就好。"

可紧接着她说:"女儿被诊断为患有良性肿瘤,在出生之后就要接受手术,而且需要全身麻醉,有可能醒不过来。"

说到这里,柴静叹了一口气,一位母亲的无奈和担心都沉淀在了这声叹息里。后来她问趴在窗边的女儿,能看到星星吗?

这是她在这场演讲中第二次提到女儿,一个小生命仰望天空,想看到星星。仰望满天的星星,是我们每一个人童年的美好回忆。

雾霾、咳嗽、刚出生就患有肿瘤的女儿、趴在窗边看星星,等等,

> 这些事件串联在一起，又一次刺痛了大家的神经。
>
> 最后，她说道："当我在纸上画上这只小熊的时候，我会回忆起当我女儿生病，我担心会失去她的恐惧和我想要保护她的所有愿望。我希望全天下的妈妈都不必有此感受……
>
> "每次从夜空中看到这颗星球孤独旋转时，我心中都会有一种难以名状的依恋和亲切。将来有一天我会离开这个世界，但是我的孩子还在其中生活，这个世界就与我有关。
>
> "所以我才凝视它，就像我凝视你；所以我才守护它，就像我守护你。"

整个演讲围绕"同呼吸、共命运"展开，最后以一位母亲和一个小生命的故事结尾。柴静的演讲牢牢地抓住了大家的注意力，让每一个人都觉得，自己可以不害怕雾霾，可以不戴口罩，而当一个弱小的生命完全依附于你、需要你保护的时候，你就有了软肋，同时也有了铠甲。

这是真正关系到自己和世代子孙的事情，我们不得不关注，不得不去做点什么，这样演讲就引起了大家最强烈的共鸣。

转换视角，多讲述真实体验

一个故事要有感染力，你讲述的内容、传递的情绪，就需要让听众能感同身受。怎么做到让听众感同身受呢？首先要挖掘出描述中的说明性数字背后的意义。日本著名导演北野武曾经说过一段话："我认为在如此困难的时期，最重要的是'同理心'。地震造成的死亡人数可能超过一万，甚至超过两万，这样巨大的死亡和失踪人数会成为电视和报纸的头条。但是，如果您将这场灾难简单视为'两万人丧生的事件'，那么您根本不会理解受害者。人的性命（死亡）不该说成是两万分之一，它的意思是，有一个人死了这件事，发生了两万次。"我们转换一下思考的视角，每一灾难的数字背后，都是真实的个人命运的改变。

另一个增加故事感染力的方法是说出你的真实体验。

案例3▼

> 我有一个同行，他是主持社会新闻节目的。有一次他做了一个新闻话题讨论，被讨论的新闻是某市老师体罚小学生做深蹲100次，小学生因体力不支摔倒在地，导致手臂骨折，家长大闹学校。当时网上有两种说法：一种说法是这件事很严重，老师要受到严惩；另一种说法是老师又没有动手打孩子，孩子受伤属于意外，不能算体罚。于是这位主持人就亲身体验了一下深蹲100次是什么感觉。他说当他蹲到30多个的时候，就已经浑身大汗了，到了第60个就觉得自己已经没有任何力气了，之后几天大腿肌肉都剧烈酸痛，走路都困难。关于手臂骨折，他是这样体验的：把右手挂在胸前，做什么事情都靠左手完成。结果他发现自己吃饭、如厕、洗澡、穿衣这些基本生活事务，都需要妻子帮忙才能完成，这样的体验只进行了三天，他就已经忍受不了了。他在节目中说，不去真实体验当事人的遭遇，是不会理解这种痛苦对一个未成年儿童的影响的。

这就是真实体验的力量。

故事是让听众共情的重要方法，共情之后，别忘记故事的最佳搭档——

金句。输出你的观点,既要画龙还要点睛,这样才算是完成了这个故事。

讲好你的故事,不要放弃验证自己承受力和爆发力的一切机会。

总结

在开始演讲之前,先要确保环境中没有干扰听众注意力的事物。如果有,就需要采取一些小方法把听众的注意力拉回来。在确认了演讲基调的情况下,记得用语气或神情做好铺垫。不知道怎么描述时,还可以表达感官感受。

小测试

(1)可以通过_____引发听众共鸣。

(2)故事的最佳搭档是_____。

要点提示

重要观点

(1)当听众的注意力集中到你这里之后,再开始演讲。

(2)故事和金句是使一场演讲令人印象深刻的法宝。

高频问题答疑

"语气铺垫"可以理解成"情绪铺垫"吗?

答案▼

可以这样理解。一个人说话的语气在演讲中起到的积极作用有时候胜过讲好几句话。好的语气既可以给听众一种意味深长的感觉,也可以充分传达出某种情绪。

课后作业

你受邀参加一位朋友举办的周末聚会,有一个游戏环节是每个人讲一个 3 分钟的小故事,谁的故事吸引大家注意力的时间最久,谁就是赢家。现在请你快速构思一个 3 分钟的小故事,并以演讲的形式讲出来。

Part 4

台风台貌

STAGE MANNERS

第9章
好声音带来好气场
——声音训练法

- 声音形象等于竞争力

- 声音形象是可优化的
  - 常见声音问题分析
  - 跳出固有思维,拥有好声音并不难

认识发声系统,声带决定音色

- 呼吸控制法,让声音稳定流畅
  - 控制声音,从控制呼吸开始
  - 胸腹联合式呼吸法

- 口腔控制法:让声音更具磁性、更具穿透力

声音形象等于竞争力

我曾经做过关于演讲需求的用户调查,发现大家对于提升声音形象有着超强的需求。提升声音形象、提升表达逻辑、克服演讲紧张感被列入演讲需求榜前三位。

声音是呈现演讲内容的载体。20多年来,我担任过上百场演讲比赛的评委,见到了很多类似的案例:有的演讲稿内容非常好,能够达到九分的高水准,却因为演讲者表达能力不够好,最终呈现的效果只有六七分。与之相反的是,有的选手稿子质量一般,勉强能到六七分,但是他的表达能力好,舞台控制能力强,最终整体效果就提升到了九分。

通常,评委会把高分给表达能力强的人。因为出色的表达力不是一朝一夕就能练就的,良好的表达力是心理素质、控场能力、爆发力的综合体现。

声音形象是可优化的

因为职业的关系,我对声音一直非常敏感。我经常会在社群里跟大家做一些小游戏,常玩的有以下两个游戏。

第一个游戏是"听声识人"。大家给我发一段语音,我听到声音后,会对声音主人的外貌和性格做一个大概的推断。

第二个游戏是"看人猜声"。大家只需要发给我一张照片,然后我会推测照片中人物的声音有什么样的特点和风格。

通常这两个游戏玩下来,大家都会感到很神奇,因为我对声音和外貌特点的描述经常很准确。

你是不是也觉得很神奇?其实原理很简单,大多数情况下,声音和外貌能够折射出一个人的过往经历,反映出他的出身、教养、对未来的期望。

不要认为你的声音全是父母给的,是由基因决定的,其实你有非常多的方法可以对自己的声音进行优化。

01 常见声音问题分析

我在做声音教练一对一辅导时,学员关于自己声音问题的反馈最常见的有三类:声音不好听、声音无法表达自己的真实意图、普通话不标准,如表 9-1 所示。

表9-1 常见的声音问题

类型	问题呈现
声音不好听	声音沙哑,有疲惫衰老感; 声音沉闷、含混,不够通透; 声音有气无力,没有感情色彩,很干瘪
声音无法表达自己的真实意图	明明待人很热情,却总被语气冷漠拖累; 一开口就自带指责感或命令感,会立刻引发对方的防御心理,时间一长,在社交圈中就成了有距离感的人
普通话不标准	前后鼻音不分、平翘舌不分、n 和 l 不分、h 和 f 不分等

02 跳出固有思维,拥有好声音并不难

声音形象是一个整体,你的内在性格和讲话那一刻的情绪,一起构成了你呈现出来的声音形象。普通话的个别发音不准确所带来的"杀伤力"并没有你想象的那么大,你需要做的是修炼铠甲来遮挡这个软肋,而不是让这个软肋牵制住你的表达。

其实大家的生理构造、发声系统都是一样的,是旧有的方言发音习惯让部分发声系统的肌肉因长期被忽视而变得不敏感了,从而造成我们发不出标准音。只要摆好唇、齿、舌的位置,气息运用得当,人人都可以说好普通话。

认识发声系统，声带决定音色

先来了解一下发声器官。大多数人在长时间用声音以及过度疲劳之后，就会出现嗓子干痒、疼痛的症状，于是很多人认为嗓子就是发声器官。其实嗓子只是一个气流通道，真正的发声器官是声带。

嗓子充血肿痛，只是增加了你说话时的痛苦，影响的是你的心理状态。如果学会运用气息、打开口腔，那么理论上你的声音是不会受到嗓子状态的影响的。

案例1 ▼

> 我曾经在我感冒期间做过一次大课分享，当时主办方已经拉好了300人的群，分享时间也早就公布了。尽管我当时咳出的痰中都带有血丝，呼吸一下嗓子都会疼痛，但我还是坚持完成了一个小时的分享，而且听众并没有听出我处于生病的状态。

每一个不喜欢自己声音的人，要改善自己的声音，首先要摆脱自我否定的状态，弄清楚科学发声的原理。通过一次次的心理抗阻训练，让声音得到正向的力量。

心理抗阻训练就是先找到关于声音的愉悦联想，给自己成功的心理暗示。当你开始喜欢自己的声音时，你就会愿意开口表达，然后你的声音会给予你更多正向的回馈。

声带的位置在咽喉下部,外形就像一个薄膜状的小阀门。我们不说话的时候,声带是打开的,气流会自由通过,让我们可以顺畅呼吸;说话的时候,声带是闭合的,气流振动产生声音。

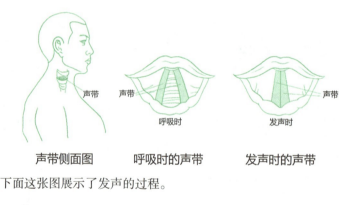

下面这张图展示了发声的过程。

大家可能会好奇,以模仿出道的艺人可以模仿很多歌手,他们是如何做到的呢?原理就是,他们通过控制喉部的肌肉,收缩、拉伸声带,改变了声带的厚度和长度,从而实现了声音的多变。

下面就来介绍如何进行科学发声。

呼吸控制法，让声音稳定流畅

手机里的音乐，免提播放的效果和外接音响播放的效果完全不同，有了音响的加持，声音会更加立体、更有磁性、更悦耳。人体本身也有"音响"，准确地说是承担音响功能的身体部位，只不过我们把它闲置了。现在要做的是把它唤醒，并加大它的功率。

这个"音响"就是人体共鸣腔。换句话说，我们身体里能任由气体流通的腔体都是"音响"，都可以为发声服务，如表9-2所示。

表9-2 身体里的共鸣器官

共鸣器官	说明
头腔共鸣	声波沿着鼻腔向上，引起声波回荡，是发高音时主要的共鸣方式。美声唱法都要用到头腔共鸣
口腔共鸣	口腔共鸣就是我们平时说话时的共鸣方式
胸腔共鸣	胸腔较其他腔体更宽阔，声波在胸腔振动时会变得更有劲，效果就像低音炮

理解了上述原理后，我们要做的是通过训练，加大对这部分身体器官的感知运用，努力做到控制自如。

01 控制声音，从控制呼吸开始

发声时，声带和喉部肌肉最科学的状态就是放松状态，越放松越好。想想提琴的琴弦，每一根琴弦在被拉动之前，都是静静地待在那里的。人的声带就像琴弦，需要外力——肺部呼出的气流——拉动。

要拥有浑厚、有磁性的好声音，就一定要学会胸腹联合式呼吸法。

02 胸腹联合式呼吸法的实际操作

我们日常呼吸基本是胸式呼吸，吸气时胸部饱满，呼气时胸部收缩。胸腹联合式呼吸就是腹部也参与呼吸运动，腹部的肌肉控制扩大了胸腔的围度，为发声提供了深长、有力的气息支撑。

具体怎么做呢？

第一步，站起来，双手叉腰，找到后腰的位置。然后咳嗽一下，感受一下后腰位置的震动。

第二步，叹口气，像游泳时换气那样把身体里的剩余气息全部呼出。然后口鼻同时进气，开始一个深长的吸气，好像在闻一朵花的香味，体会气流穿过胸腔的过程。

当胸部胀满时，注意腹部的变化——腹部是鼓起来的。叉在后腰上的手能明显感到后腰也在膨胀，甚至撑开了叉腰的手。想象一下平板支撑时用力的感觉，让这口气撑住，然后缓慢均匀地呼气。边呼边发一个音——si。如果气息是深沉稳健的，那么这个 si 的音也是稳定的；如果气息很虚很飘，那么这个 si 的音就是凌乱的。这是一个自我检测的小方法。

第9章 好声音带来好气场——声音训练法

掌握了这个方法后,建议大家不仅在说话时这样呼吸,平常不说话时也用这个呼吸方法,慢慢会发现自己的腹肌变得更加结实有力。如果还是找不到腹部发力的感觉,可以尝试下面这个练习方法。

夜晚睡前平躺在床上的时候,在腹部放一本《英汉词典》这种厚度的书,吸气的时候用腹部力量把书顶起来,呼气的时候让书随腹部慢慢降落。

口腔控制法:让声音更具磁性、更具穿透力

掌握了胸腹联合式呼吸法,气息就已经足够了,如果口腔打开得够大,你就可以拥有一个更大的共鸣腔,声音自然会更饱满、圆润。打开口腔的秘诀是四个字:提、打、挺、松。

第一步:提颧肌(苹果肌)。

回想一下民族唱法的歌手和美声唱法的歌手在唱歌时的表情,颧肌都是

往上提的。找那种苹果肌往上提、笑着的感觉。

第二步：打开牙关。

牙关就是口腔内左右两边最靠后的四颗后槽牙。练习这一动作的时候，要把后上槽牙抬得尽量高一些、夸张一些，此时用手摸耳垂后边，会发现那里出现了一个小坑，这就是牙关打开得到位了。

第三步：挺软腭。

软腭就是上牙膛后侧靠近咽喉的位置。怎么挺软腭呢？想象一下平时用吸管喝酸奶的感觉，用力吸的时候，软腭就挺起来了。

第四步：松下巴。

松下巴就是下巴完全放松，一点力气都不要用。

打哈欠

在练习打开口腔的时候，如果按照字面意思去完成"提、打、挺、松"这四个步骤，那么可能脸都已经很酸痛了，还没有找到感觉。

有一个方法很简单，就是打哈欠。放松地打一个哈欠，你会觉得大口吸气之后，整个喉咙里是凉凉的。这是因为口腔打开了，空气直接进入了咽喉位置。如果你每一次吸气都是温热的，说明你的口腔没打开。

打开口腔本质上是帮我们竖起个小喇叭，把喉部声带振动的声音从口腔放送出去。所以，没打开口腔的人是很吃亏的，有再多的气息都被吞掉了，声音就会含混、无力。

每一次发声前，先用胸腹联合呼吸，再用打哈欠的口形打开口腔，然后发音说话。这时发出的才是我们真实的音色，平时那个我们熟悉的声音，只是被旧习惯"绑架"了的"变形"的声音。

通过前文的介绍，相信大家已经了解到声音在个人形象打造方面的重要作用。对好声音的界定标准比较主观，有人喜欢明亮的，有人喜欢甜美的，有人喜欢沉静的。如果一定要找一个所有人都喜欢的标准，那么可能就是"有磁性的"。

有磁性的声音是什么样的呢？是你的耳朵被吸引了，你感觉到自己被接纳、被包容，好像被声音爱抚和拥抱了一样。有磁性的声音是温暖、有岁月感、有故事的声音，会带给人安定感。当你了解自己的声音之后，就可以有选择性地去修饰它、丰富它。

总结

从今天开始，大家要忘记过去对自己声音的挑剔。做好呼吸控制和口腔控制，逐步提高自己的发声能力，找到自己最好的声音，用好自己的声音，专注于自己的情感和表达，用声音说出自己的内在能量，安静平和地去靠近心中那个更好的自己。

小测试

可以通过_____、_____、_____、_____来控制口腔，让声音更具磁性、更具穿透力。

要点提示

重要观点

（1）不要认为声音全是父母给的，是由基因决定的，其实有非常多的方法可以对声音进行优化和改良，只要掌握了方法，人人都可以练就好声音。

（2）科学发声有两个底层逻辑：呼吸控制和口腔控制。其中，呼吸控制解决气息输送问题,口腔控制解决成音输出问题。

(3)掌握胸腹式联合呼吸法没有什么捷径,只有日常不间断地练习,不管是讲话时还是不讲话时,都要用胸腹联合式呼吸法呼吸,尽快让这种呼吸法成为你的本能。

(4)平日你熟悉的声音不一定是你的真实音色,有可能只是被旧习惯"绑架"了的"变形"的声音。

-------- 高频问题答疑 --------

(1)感觉胸腹联合式呼吸法好难,总是找不到感觉,该怎么办?

(2)演讲比赛时遭遇咽喉发炎,一开口就很痛苦,该怎么办?

答案▼

(1)刚开始练习这种呼吸法时的确会有困难,只能多练习、多尝试,时间久了就能运用自如了。

(2)第一,用胸腹联合式呼吸法控制气息;第二,用提、拉、挺、松,打哈欠,啃苹果等方法打开口腔;第三,努力放松喉咙;第四,给自己愉悦的心理暗示。这样做之后你就会发现,一两个小时的演讲完全没有问题。

课后作业

做一下数枣练习,看看你的气息能够坚持数多少个枣。

第10章
找到属于自己的演讲风格

寻找演讲风格的三个参照要素

外在形象

声音特质

语言表达

塑造演讲风格的三个步骤

了解自己

挖掘亮点

形成风格

本章的主题是演讲风格。演讲风格的形成，就是把自己语言气质中的最大优势、自身外在条件的最大优势，以及自己最想塑造的人设这三者固定下来，在所有场合都进行突出和强调，让人们一听到你的名字，脑海里就自动浮现出对你的最佳印象。

寻找演讲风格的三个参照要素

寻找演讲风格的过程中，主要参照三个要素，这三个要素分别是外在形象、声音特质、语言风格。

打造属于自己的演讲风格，其实就是把上述三个要素合成一个统一的气质，以突出个人特色、符合自我定位为主要方向。

很多明星都会塑造人设，作为普通人，我们是否也需要人设呢？其实职场和社交中最常见的自我介绍，就是在树立自己的人物形象，打造自己的人设，只是这时的人设是天然淳朴的，没有经过刻意的包装。然而，这一章要告诉大家的是，拥有自己的演讲风格才能让人过目不忘。下面将介绍如何从外在形象、声音特质、语言风格这三方面来寻找属于自己的演讲风格和气质。

01 通过外在形象寻找演讲风格

首先请大家回想一下，我们在评价一个人的外表时习惯怎么说？如果这个人的五官漂亮，我们会说眉清目秀；如果这个人的身材很棒，我们会说腰细腿长；如果这个人的五官和身材都没有亮点，但给人的感觉很舒服，我们通常会称赞她/他有气质。

有气质的人不一定是完美的人，但却是最会遮挡自身缺陷、突出自身优势的人。

我们在打造自己的外在形象时，遵循的也是扬长避短这个思路，找到并放大自己的优势。首先要根据头肩比、头身比和五官在面部的体量感，来选择适合自己风格的服饰。

下面分享三个知识点，包括照镜子的正确方法、根据体型选发型、服装挑款要看脸。

1. 照镜子的正确方法

对于自己的外在形象，大部分人习惯十分严苛地审视，在照镜子时会关注自己脸上的痘痘、斑点、皱纹等每一处缺陷。但是，这种只看脸的照镜子方式其实是不全面的。

照镜子的目的除了自我检视之外，更大的意义是反观自己，观察一下别人眼中的自己是什么样子的，怎么调整能让自己的整体形象更好。

正常的社交距离是，人与人间隔 1.5 米，演讲的公共距离是 4~10 米，所以在照镜子时至少需要离镜子 0.75 米（平面镜成像原理），保证头、肩膀、脚全入镜，这时镜中呈现的你才是别人眼中的形象。

在正常社交场合，别人不会盯着你的脸看。大家第一眼看到的是你身上的色彩，第二眼是服装的轮廓，第三眼才是身材比例。我们最在意的是自己的脸，其实别人没那么在意。所以，照镜子时也要习惯按照这个顺序来调整优化形象。先看色彩适不适合自己的肤色，再看服装款式是否与场合匹配，然后增减配饰，来调整视觉上的身材比例。

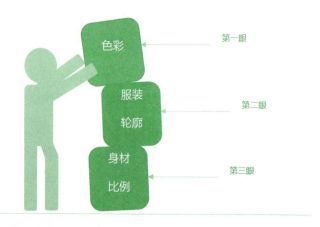

2. 根据体型选发型

在打造自身气质和改良视觉上的身材比例时,不要低估发型的作用。一个合适的发型能提升整个人的精气神。另外,发型也是打造头身比的利器。

那么如何选发型呢?这里分享两个参考要素。

要素1:头肩比。

通常肩宽与头长的理想比例是2∶1,也就是说,如果头的纵向直径是20cm,那么肩宽就要按40cm的视觉印象去打造。头面部偏长的人,可以通过穿大垫肩的衣服来增加肩膀的宽度;头面部偏短但是肩膀却较宽的人,就要增加发型的高度,尽量选有蓬松感的发型。

要素2:头身比。

个子矮的人尽量留短发,长发会拉低视线,显得人头重脚轻,更显矮。

确定了发型的长度和高度这两个重要基准后,具体细节的处理要根据五官优势来决定。如果眼睛很漂亮,就可以在眼睛附近的位置加一些细节设计,如给头发卷一个弧,或者让刘海刚好收在眼睛这里。如果下巴很漂亮,那发尾就收在下巴的位置。简而言之,五官哪里有优势,就在哪里做强调。

3. 服装挑款要看脸

关于服装的选择，很多人认为演讲服装通常以西装套装为主，好像没什么发挥空间。其实看似大同小异的服装选款，里面有很多玄机。

如果五官在脸部的面积占比是大量感的，就需要选择同样是大量感的面料和图案。例如，大条纹、大格子、大花朵，面料也尽量选厚实挺阔的。

如果五官在脸部的面积占比是小量感的，就需要选择小量感的面料和图案。例如，轻薄柔软的面料、真丝、蕾丝等，以及色泽柔和的小图案。

如果五官呈偏硬朗的直线形，那么服装风格也要以直线为主，如挺括的西装等。

如果五官很圆润，都呈曲线形，就要尽量选择圆形剪裁的衣服。例如，荷叶边的设计、鱼尾裙等，男士可考虑领结等饰品。

除了通过对自身条件的观察，掌握一些基本的服饰搭配方法以外，还应该多去实体服饰店进行试穿和试搭。试穿的时候，要挑选近似款式做对比，这样才能更精准地找到最加分的元素，然后将其固定下来。例如，衬衫是选长方领的还是选 V 领的，需要试穿一下，才能更准确地找到适合自己的服饰。

02 通过声音特质寻找演讲风格

声音其实是我们的第二张脸，除了身高、身材、五官以外，声音也会影响我们在别人脑海里留下的印象。试想一下，一个人如果说话的声音高亢、尖锐，那么我们往往会不自觉地想避开，因为我们的潜意识会认为这样的人比较刻薄。相较之下，我们会比较乐意倾听发音清晰、语气平和、音量适中的人说话。

其实声音也如同外表一样，是可以塑造的。要塑造令人舒服的嗓音，就要先了解自己的声音特质。

声音的特质主要包括四个方面：语速、音量、气息、音色。

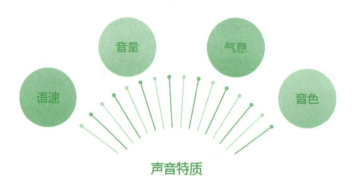

声音特质

判断自己的声音特质不能单凭感觉，最好的方法是找一篇演讲稿，把朗读的过程录下来，然后通过录音去分析自己的声音特质。

1. 语速：快、慢、适中

语速过快会使人不自觉地产生紧迫感，而且会影响表达的清晰度。语速过快还会使听众听得一头雾水，无法准确地接收演讲者想表达的思想内容。

语速过慢容易使人感觉节奏拖沓、缺乏活力，时间长了，听众的注意力便会分散，现场的氛围也会变得越来越沉闷。

语速适中并没有固定的标准，主要是演讲者表达内容时要照顾到听众的理解能力，要使用合适的讲话速度，使大部分听众都能不费力地理解讲话的内容。讲话的语速也要根据表达的内容及时调整。一场演讲中，讲到轻松愉快的内容时可以适当加快语速，讲到晦涩难懂的内容时就放缓语速，必要时甚至要多次重复。

2. 音量：高、低、适中

紧张的情绪除了会影响语速外，对音量也会产生影响，音量过高或过低都是紧张状态下容易出现的状况。另外，演讲的场合也会要求演讲者适当地调整讲话的音量。例如，在狭小的空间里音量应适当降低，否则会使听众感觉过于聒噪；在空旷、人数较多的演讲场合，应适当提高音量，把听众的注意力吸引到演讲内容上。

3. 气息：虚、实

我们观看一些精彩的演讲时，经常会感叹演讲者说话铿锵有力、掷地有声，使人不自觉地沉浸在演讲的氛围里。其实这种铿锵有力、掷地有声，主要来自演讲者说话时的气息。

要检验自己气息的虚实，可以对着麦克风用正常音量讲一段话，看看麦克风的收音效果如何。气息虚的人因为声音不集中而缺乏穿透力，所以使用麦克风时需要距离更近，音量更大，才能达到扩音效果；而气息实的人只需要用正常的音量讲话，麦克风里传出来的声音也是清晰悦耳的。

气息的练习技巧

> 吹黄豆练习。
>
> 准备几粒黄豆放在桌子上,挺胸站立,双手自然放松下垂。深吸一口气,感觉肋骨向外打开,肚子鼓起来,停顿1~2秒后,缓缓呼气,用气流吹着桌上的一粒黄豆向前滚动。控制气息,不要忽大忽小,要尽量匀速,将黄豆"运输"到指定位置后,重复吹下一粒。
>
> 练习过程中尽可能延长每一口气的呼出时间,呼气过程中要保持缓慢平稳。通过一定时间的练习,便可以发现说话时的气息有效增强了。

4. 音色:冷暖、亮浊、宽窄

认识自己声音特质的另一个关键点就是音色。声音有辨识度的人,即使不露脸,别人也能通过声音来识别出他的身份。

一个人的音色主要取决于气息和声带。色彩分冷暖是大部分人都了解的,其实声音也一样。暖色调的音色通常给人的感觉是浑厚、圆润、柔和,深夜电台男主持人的声音基本都属于典型的暖色调音色。

冷色调的音色则偏向硬朗、清冷、犀利。

音色主要取决于嗓音的纯净度,纯净的音色听起来清透、明亮、没有多余的杂音,浊音听起来就像自带噪音一样,人们常说的"烟嗓"就是浊音。

音色的宽窄主要是指音域的宽窄。有些人的音域天生很宽,他们可以自如地发出高低跨度很大的声音,但音域窄的人也可以通过一些训练对自己的声音进行开发和拓展。很多歌手对音乐有较高的感悟力,能驾驭很多曲风,但他们的嗓音其实也是经过专业的训练才逐渐变得完美的。

音色的呈现与先天的声带有着密不可分的联系,但也并非后天不可改变。对自己声音的音色有了客观的判断以后，可以通过改变说话方式、发声方式，使音色变得更加圆润、饱满。

03 通过语言表达寻找演讲风格

一个人在台上讲话特别搞笑，我们会认为他是一个风趣幽默的人；一个人说话温文尔雅，我们会认为他在生活中也是一位绅士。我们对一个人的印象如何，语言表达在其中占据了很重要的比例。还记得第1章提到的理念吗？你想成为谁，就像谁那样去表达。

其实语言表达也有不同的风格，这种风格不是一成不变的，可以选择适合自己的，或者是自己感兴趣的1~2种风格进行练习。

这里总结了几种比较典型的语言风格，供大家学习参考。

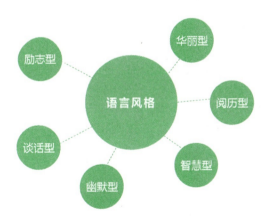

（1）励志型：适合大多数人的一种语言风格。励志的故事本身具有较强的感染力，而且对演讲者的社会阅历、社会地位没有太高要求。

代表人物：《超级演说家》中的刘媛媛。

（2）谈话型：音色自然朴实，语气亲切委婉，表情轻松随和，善于制造共鸣,在台上呈现的动作与平时差别不大。语言交流感强,能够把复杂深奥的理论变为通俗易懂的话语。

要求:有较强的人际沟通能力,对人的内心有较深的洞察力,对听众情绪有良好的掌控感。

代表人物:柴静、鲁豫。

(3)幽默型:音调变化大,动作表情夸张,语言简短生动。

要求:手势多变,表情丰富。

代表人物:喜剧演员、脱口秀演员。

(4)华丽型:语言风格澎湃奔放,给人以奋发向上、朝气蓬勃的振奋感。辞藻华丽,内容厚重,形式多样,很注重表情、神态、手势,讲究口语表达的轻重缓急和抑扬顿挫,在演讲中喜欢旁征博引,内容纵横古今。

要求:拥有深厚的知识积累和大量的实战经验,博闻强识,音色响亮,精神饱满。

代表人物:《百家讲坛》中的于丹。

(5)智慧型:逻辑严密,语言不冒险,追求逻辑深度和无懈可击。对于生活拥有较深的感悟和思考,经常会从日常的生活场景中升华出人生哲理。

要求:语言态度温和,但是提出的观点足够犀利,内容严谨。

代表人物:蔡康永、黄执中。

(6)阅历型:对于任何话题都能信手拈来,善于总结,语言风格贴近生活,什么话题都能对接上自己的亲历故事,结尾再以小金句进行总结提炼。

要求:思维敏捷,反应快,社会见识广,对社会及人性有深入的了解。

代表人物:高晓松、罗振宇。

塑造演讲风格的三个步骤

塑造适合自己的演讲风格的前提是了解自己,然后从自己身上挖掘亮点,最后通过反复磨炼形成属于自己的风格。

01 了解自己

了解自己主要从形象气质、声音气质两个方面入手,不需要过于关注外貌。

形象气质:包括体量(瘦弱或壮硕)、身高(高矮)、五官风格(硬朗或秀气、开阔或紧凑)、年龄感(年轻或成熟)、距离感(亲和或高冷)、凌厉感(精干或敦厚)等。

声音气质:声音气质其实是十分多面的,如宽音大嗓、细声小嗓、有烟火气、纯净通透。

02 挖掘亮点

关于挖掘亮点,首先可从自身的过往经历中挖掘,如自己的经历中励志的事例、戏剧性反转的事例，又或者是自己在平坦顺利的人生中遇到的一件颠覆以往观念的事。

挖掘亮点的过程中有一个标准：符合想象，并超出预期。

另一种亮点来自人物经历的反差。

📋 案例 ▼

> 岳云鹏从相声界出道，师从郭德纲，出道以后不仅在相声界吃香，也因为憨厚可爱的外表、过人的口才和情商，接到很多电视节目的邀请，听众也十分喜欢看他的节目。然而在一次访谈中，岳云鹏谈起自己成名前的经历，因为家境贫寒，曾经住过牛棚，仅用几块木板和板凳就搭成了一张床。因为交不起68块钱的学费，不得不辍学外出打工。15岁时在一家餐厅打工，因为给客人结账时多算了2瓶啤酒钱而一直被客人辱骂，最后还得自掏腰包替客人把饭钱付了。

如果希望通过反差型的经历来增加人物形象的亮点，就一定要仔细琢磨。在人生经历和语言表达上都一定要凸显强烈的对比，这样才能通过反差形成亮点。

03 形成风格

风格的形成不是短时间内就可以完成的事情，它通常是通过一次又一次的形象展示、语言展示而逐步在人们脑海中留下印象。

成功的个人风格应该具有很高的辨识度，同时符合人物自身的日常行为习惯。

打造个人风格的过程中，要多尝试各种风格，找到与自己特质最相近、自己发挥最稳定的舒适区。

在尝试多种风格时，通常难以做到改变通篇演讲的风格，否则会让寻求改变的意志力成本增加。一般可以从舒适区的小切口着手，如改变讲故事的风格，或者转换自我介绍的角度。

打造风格的过程其实也是认识自我、发现自我的过程，享受这个过程，你会发现自己比想象中要优秀得多。

总结

对于演讲新手来说，首要任务是敢登台，并能完成演讲。攻克了这个关卡以后，进阶的目标就可以设定为适应多种场景下的演讲，再到享受舞台、形成自己的风格。

小测试

塑造演讲风格的步骤是_____、_____、_____。

要点提示

------ 重要观点 ------

（1）寻找演讲风格的三个要素分别是外在形象、声音特质、语言风格。

（2）在整理自己的外在形象时，要注重整体性，首先从头、肩、身高等大面积的部位着手，然后才是我们平常最注重的脸部。

（3）照镜子时需要至少离镜子 0.75 米，保证头、肩、脚全都入镜，多观察自己的整体气质和身材比例。

（4）根据体型选择发型，根据五官风格确定服装风格。

(5)音色的呈现与先天的声带有着密不可分的联系,但也并非后天不可改变。对自己的音色有了客观的判断以后,可以通过改变说话方式、发音方式,使音色变得更加圆润、饱满。

(6)打造个人风格的前提是了解自己,然后在自己的经历中挖掘亮点,最后磨炼出属于自己的风格。

高频问题答疑

(1)以往没有花时间认识自己,不清楚什么风格适合自己,该如何打造属于自己的演讲风格?

(2)聊天时,朋友老是埋怨我说话的声音不清晰,这样的我适合做演讲吗?

> **答案▼**
>
> (1)打造个人风格的三个步骤:了解自己、挖掘亮点、形成风格。
>
> (2)说话声音不清晰有可能是因为发音不标准,也有可能是因为说话气息太虚,声音传达不出去。可以多进行气息练习,再配合朗读训练来提高发音的准确度。

💡 课后作业

找一段自己喜欢的或自己有兴趣模仿的演讲视频,对视频中的演讲者进行模仿,体验一下不同风格的演讲带给自己的感受。

第11章
克服方言习惯，你也能成为轻松"圈粉"的主播

关于普通话

不同地区的口音特点
- 北部地区
- 中部地区
- 南部地区

改进普通话的练习方式

朗读国家普通话测试范文

每天阅读时事报刊

很多人可能有过一种体验，平常说话时感觉自己嗓音还不错，但从录音中听到自己的声音时却大吃一惊："我的口音怎么这么重，而且嗓音也和我想象的完全不一样！"

其实，没有经过刻意训练的人，说话基本都会带有口音，我们平常在电视机上或电台中听到专业的主持人发音标准、咬字清晰，那都是他们经过长期的、专业的训练才达到的效果。

同理，如果想要说一口标准清晰的普通话，进行有针对性的练习是必不可少的。

关于普通话

普通话是现代标准汉语的另一种称呼，也是我国的通用语言。其主要作用是消除不同地区之间因方言产生的语言隔阂，提高不同地区人民之间交流的畅通程度。

我国的普通话从推行至今，经过不同时期的改进融合，最终才形成如今的体系：以北京语音为标准音，以北方话为基础方言，以现代白话文著作为语法规范。

不同地区的口音特点

因为中国幅员辽阔、民族众多，所以方言数量无法准确统计。但大致可以划分为八大方言——北方方言、湘方言、赣方言、吴方言、闽北方言、闽南方言、粤方言、客方言。

虽然每种方言各有特点，但总结起来，各地方言和普通话的主要区别在于"声、韵、调"以及方言词汇和语法这几个方面。

而每个方言地区又有自己的语音特点，下面就根据地域的不同来逐一分析每个地区的口音特点。

01 北部地区

东北地区的口音特点：平翘舌音不分，声母 z、c、s 发成 zh、ch、sh，调值具有地域特色，有拖音和下压的感觉。

西北地区的口音特点：最明显的特征是前后鼻音不分，an、en、in、ang、eng、ing 总是错位。发前鼻音时，舌前半部和硬腭闭合；发后鼻音时，舌根与软腭闭合。

02 中部地区

中原地区的口音特点：中部省份的部分地区同样有平翘舌不分的问题，但更严重的是发音靠前，说话噘嘴，导致发音不圆润。

江浙地区的口音特点：平翘舌音不分，声母 n 和 l 不分。r 和 l 也不分。比较经典的是"然而"读成"兰鹅"，发音靠前，力量集中在唇齿，说普通话时相对比较吃力。

"两湖"地区（湖南、湖北两省）的口音特点：声母 h 和 f 不分、n 和 l 不分。此外，安徽省、贵州省的部分地区也有声母 n 和 l 不分的口音问题。

川渝地区的口音特点：平翘舌音不分，因为句尾咬字重，所以说话语气容易让人感觉比较冲，听起来会有点攻击性。

03 南部地区

闽南地区的口音特点：平翘舌音不分，但是和东北方言平翘舌音呈反调的口音不一样。闽南话和福建其他地区的口音几乎没有翘舌音，声母 h 和 f 几乎完全分辨不出来。

粤港地区的口音特点：平翘舌音不分，一些语法或表达习惯跟普通话有很大差异。

全国各个地区的方言习惯都会对普通话的口音产生影响。即使是北京话，也有很多习惯腔调，如吞字，"我告诉你"会说成"我告儿你"，"诉"字会被吞掉。

找到了自己的口音雷区之后，不要害怕开口。正确的做法是，在平常的说话过程中学会规避雷区，用一些自己能准确发音的词汇去代替容易出错的词汇，然后加紧练习，争取早日跨越这些束缚自己表达的障碍。

改进普通话的练习方式

关于改进普通话的练习方式，除了要养成梳理思维的习惯，还要多出声朗读，重点是要朗读规范、严谨的文字。

01 朗读国家普通话测试范文

关于朗读的素材，首先推荐的是国家普通话测试的朗读范文。这些朗读范文有人示范领读，还会标注拼音。而且这些范文的选择标准很严苛，一是文字考究，体现了中文的韵律感；二是行文规整，符合规范的语法习惯。

02 每天阅读时事报刊

之所以推荐时事报刊（如《人民日报》、地方日报等）而不是娱乐报刊，是因为时事报刊的文字严谨性较强，长期阅读一方面可以提升语法语感，另一方面可以增加词汇量。

阅读时最好挑选 1~2 篇用朗读的方式读出来，如果环境不允许，也可以改用默读的方式。

这些练习对于写出一篇读来上口、听来入耳的好演讲稿，都是必备的前提。千万不要因为在练习的过程中由于自己的口音问题而感到羞耻，更不要因为练习的过程枯燥而不耐烦。要知道，好的结果值得付出一切努力。

总结

各地区都会有相应的口音，可以根据不同地区的口音特点，有针对性地练习改正。过程可能会枯燥无味，但是结果必然是好的。

小测试

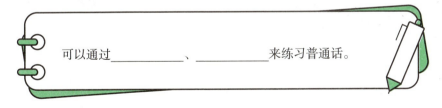

可以通过_____、_____来练习普通话。

要点提示

———— 重要观点 ————

（1）普通话以北京语音为标准音，以北方话为基础方言，以现代白话文著作为语法规范。

（2）找到自己的口音雷区后，应该在平常说话的过程中刻意规避，用一些能够准确发音的词汇去代替容易出错的词汇。

（3）要多出声朗读，而且要朗读规范严谨的文字。

（4）练习的过程可能是枯燥的，不要轻易放弃。

--- 高频问题答疑 ---

（1）不太明确自己的口音问题，该怎样有针对性地纠正？

（2）试着练习过标准的普通话，但觉得收效甚微，该不该坚持下去？

答案▼

（1）挑选一篇国家普通话测试文章，把自己朗读的过程录下来，与示范领读的录音进行对比，这样就能找到自己的口音问题了。先针对已经发现的问题进行纠正，练习的次数多了，自然就能提高自己对标准普通话的掌握。

（2）人的生理构造和发声系统是一样的，只要唇、齿、舌摆在正确的位置，人人都能说好普通话。但是每个人练习的过程和时间可能因为基础的不同而有长有短，声音跟身体一样，需要一段时间的刻意练习来形成肌肉记忆。不要被旧有的方言习惯绑架，给自己一点信念和时间，坚持下去，不要放弃。

💡 课后作业

在普通话学习网找一篇自己喜欢的文章，把自己朗读的过程录下来，然后有针对性地进行纠正。每天练习半小时，坚持一个星期后再与一开始的录音对比。

第12章
形象加分：
让服饰和妆容都参与表达

形象的重要性

📋 **案例1** ▼

> 我曾经遇到一个女客户,她当时很焦虑地跟我说,她下半年有一个很宝贵的机会,将面见一位行业"大佬",大概只有十分钟的交流时间。她准备问"大佬"一些深刻的行业问题,以及她自己在管理团队时的困惑。
>
> 她说见面的场合是"大佬"的生日酒会,她准备送一份比较贵重的礼物。
>
> 但是当我问她准备穿什么衣服、梳什么发型、背什么样的包去见"大佬"时,她却说还没想过这个问题。

设想一下,如果你也遇到了与这位女客户一样的情况,你会怎么做呢?

第一,关于形象装扮,要让"大佬"记住你,让他愿意与你进一步交流。

首先要明确,这次见面的目的就是让"大佬"记住你,你在那一天的形象装扮、与"大佬"对话时的姿态和语言都非常重要。

第二,关于沟通,比向"大佬"提出问题更重要的是,做好回答"大佬"提问的准备。

向"大佬"介绍自己的时候,"大佬"可能会随机地问一些符合你身份地位的行业问题,这个时候你的回答要体现你的独特价值。因此,你需要好好梳理你所从事的这个行业存在哪些痛点。这个问题肯定是"大佬"经常思考的,或者是"大佬"经常被问到的。如果对这个问题能有比较独到的见解,那么一定会给"大佬"留下印象,这样就把自己的价值很巧妙地凸显出来了。

第12章 形象加分：让服饰和妆容都参与表达

如果按照案例中这位女客户原来的思路，带着一个深刻的、严肃的行业问题去问"大佬"，可能会出现什么场景呢？

换位思考一下，在生日酒会上，这位行业"大佬"更在意的是每一个宾客有没有得到周到的照顾。这时如果问他一些深刻的问题，一方面，不太可能在十分钟内得到完美的答案；另一方面，即便"大佬"积累深厚，能够给出一个令你醍醐灌顶的答案，但是对于"大佬"来说，生日这天他更需要的礼物是你给他提供的情绪价值。作为一个有地位的行业"大佬"，他在意的不是财富价值，而是他自己能影响多少人，成就多少人，甚至改变了多少人的命运。

最后我给客户的建议是，她所展示出来的整体形象要符合两个标准：第一，符合"大佬"的想象；第二，超出"大佬"的预期。

综上，我建议她把当天酒会上要穿的服装、要搭的配饰、要做的发型提前选择好，并且要准备多套方案。例如，准备一套天气冷时的方案，准备一套天气热时的方案，准备一套晴天的方案，准备一套雨天的方案，甚至雨伞的色彩和款式也要与整体造型匹配。每一个造型方案都要能在日常生活中穿出来，听听大家的评价，再根据反馈及时调整。

另外，关于沟通内容的准备，要对自己所处行业的一些基本数据、基本诉求、基本痛点有充分的掌控，记在脑子里，随时应对"大佬"的提问。

外在形象，你的秘密武器

接下来分享一下"55387"第一印象理论。

具体解释是，第一印象55%来自非语言信息，也就是肢体动作和外貌；38%来自说话的音调、音量与速度；7%来自说话的内容。

这个理论颠覆了我们的传统认知。因为与陌生人第一次见面，大多数人习惯将重点放在说话的内容上，轻视了肢体动作和形象装扮，关注说话的音调、音量和速度的人就更少了。然而，被忽视的非语言因素，才是我们要着力改变和打造的。这也是"用小投入换大产出"的快速提升整体形象的方法。

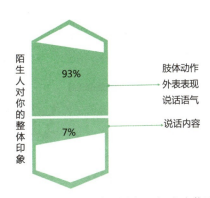

衣服作为无声的语言,和你的相貌、语言一起成为你形象气质的一部分。每一件穿在身上的服饰,都在帮助你表达自己,对方完全可以通过这些细节读出你隐藏的身份信息,判断出你的生活状态。

你的着装还透露着一个潜台词,就是你希望别人怎么对待你,也就是你对自己这身着装将要出席的场合、将要面对的人,存在着什么样的心理预期。着装符合礼仪,并且超出别人心理预期的人,会赢得更多尊重和机会。

形象的陷阱

关于形象,常见的陷阱有两个:"以后再说"和"我喜欢"。

01 以后再说

如果你觉得打造形象这件事可以以后再说，那么任何事情你都可以用这个借口来推脱。

人年轻的时候总觉得，现在只要努力工作就好了，管理形象这件事等以后瘦了、有物质基础了、成功了，自然会有人帮忙打理。然后就会发现，永远等不来"再说"的那一天。

当你真正开始关注自己形象的时候，它能带给你的改变和能量才会被释放出来。

02 我喜欢

很多人终于摆脱了对自己形象漠不关心的状态，却走向了另一方向——随心所欲，穿什么、买什么全凭心情。

商场橱窗里面展示的那些服装，并不都是这个品牌最优秀的设计，但绝对是这个品牌最好卖的款式。一件衣服处处有亮点，如泡泡袖、荷叶边、大印花、蝴蝶结，一切能想到的元素都融入其中，你以为它绝对会吸引眼球，实际上，你已经成为过度设计的奴隶。

一件衣服如果有三处以上的明显设计，就属于过度设计的错误单品，会让看见它的人因视觉关注点太多而产生负担，产生不愉快的大脑联想。当观众的注意力开始分散的时候，演讲的价值输出就会打折扣。

穿衣打扮的第一要点是摆脱错误单品，摆脱"想拥有一件特别的衣服"，或者"想买一件独特东西"的执念。穿衣打扮的时候要带一点功利心，一切不能让你更美、更得体的服装，无论内心多喜欢，都不要购买它。

怎样避免买到错误单品和不适合自己的服饰呢？有一个秘诀——形容词分析法，寻找和你长相、风格一致的形容词，然后搭配同样风格的服饰。如果你对自己五官和气质的判断是大气、优雅，那么你的配饰也在这些风格中去寻找就对了。

案例2

> 我曾经遇到一个意向合作者，她是一个公司的创始人。和我见面的那天，她梳着披肩长发，戴着蝴蝶结发箍，还戴了一对小樱桃造型的耳环，穿了一条背带纱裙，配了一双带蝴蝶结的鞋子。
>
> 这个女孩身材高挑，这身打扮虽说不难看，但绝对不给她加分，甚至对她应该着力传达的气质是有损耗的。我的注意力几乎都被这样一个与她气质和定位相矛盾的形象吸引走了，没办法专注于她表达的内容，甚至连她的行业都没能记住。
>
> 这样的一次连接和沟通，完全没有达到应有的价值。

穿衣打扮时要避开的雷区

演讲是一种有目的地向他人展示自己的沟通行为。既然有沟通，就要有思想交换，就会产生思想价值或认知落差。当我们给别人提供思想价值的时候，对方的专注与倾听，就是确保我们价值观精准输出的保障。所以，凡是削减对方注意力的事情都不能做。

前文中提到，一定要了解自己的语音优势和语音雷区。同理，演讲者在登台演讲时，一定要根据自身特质来选择造型和服装。

在穿衣打扮时，要找到自己的形象雷区。

> **案例3**▼
>
> 小静是一名应届毕业生，外形条件很好。参加某单位面试时，为了凸显自己的外表优势，小静费尽心思打扮了一番，大红唇、超短裙、亮闪闪的耳饰，自信满满地奔赴"考场"，却被无情地刷下去了。
>
> 的确，小静的打扮很美，很吸引眼球，但是完全不适合面试这种场合。

我建议大家从最安全、最得体的基本款入手。如果想表现得更时尚、更新潮，那么戴上一两件饰品就足够了。

01 关于高领衫

1. 高领衫的款式设计

不建议穿着高领衫，主要是因为它遮住了脖子，容易显得头大。而且除了手腕和脚腕之外，脖子是最纤细的部位，把它露出来显得人更精神。

2. 高领衫的材质

大部分高领衫的材质是棉线针织或羊毛针织，很柔软。也就是说，人的身材是什么样的，高领衫呈现出来的就是什么样，并没有美化和调整比例的作用，也没有掩饰身材缺陷的效果。

如果实在特别喜欢高领衫，那么可以选宽松款的，高领翻领的部分不要紧紧地包住脖子，最好留有一定的空间。

3. 高领衫的替代品

高领衫是冬天内搭的标配，但是它不是符合职场商务礼仪的正式西装内搭。冬天为了防寒，可以戴丝巾和围巾，丝巾和围巾有很多种商务场合系法，既可以点亮职业装，又可以满足寒冷季节保暖的需求，还可以满足造型变化的需求。

02 关于眼镜

很多人喜欢黑框眼镜，尤其是理工男和文静的女孩。但是，黑框作为时尚单品，在脸上的存在感很强，而且会切割面部比例，遮挡眼睛。那些以丑女逆袭为主题的电影，在给女主角扮丑时，都会选择加上一副黑框眼镜。职场中如果有需要，建议选择金属框眼镜，如果觉得金属框眼镜太有年代感，可以选择无框的、透明框的眼镜或者临时佩戴隐形眼镜。

03 关于袜子和鞋子

职场礼仪着装中，关于袜子和鞋子，不要选择时尚单品。

礼仪场合是讲尊重的地方，不是讲舒服的地方，因此，袜子和鞋子的选择一定要合宜。

表12-1 关于鞋袜的选择建议

性别	建议	袜子的选择	鞋子的选择
女生	（1）袜子别选时尚单品 （2）鞋子选择正式点的	慎选黑丝袜，不要选黑色且不透肉的厚丝袜，以及各种加钻、加蕾丝的丝袜	裹住小腿的半高筒靴、马丁靴、登山靴、过膝长靴，这些会把腿在视觉上截短，统统不建议
男生		不要选择白色、浅色袜子，要选择黑色、藏蓝色或者与西装同色的长筒袜。对袜子长度的要求是，蹲下或坐下时看不到袜子的边缘	有鞋带的比没鞋带的正式，有拼接设计的比没拼接设计的正式，尖头的比圆头的正式，真皮比漆皮和磨砂皮正式

04 关于西装

在选择西装时，女生最好选择西装套裙，因为裙子比裤子更正式。裙子的最佳长度是，盖住膝盖或距离膝盖上方一拳的位置。

有些男生喜欢穿宽大的西装，这个习惯到演讲舞台上需要改一下，因为修身但不紧身的合体西装效果最好。西装收腰处要在扣好扣子之后还能留出放进去三根手指的宽度。有些便携式的戴在头上的耳麦需要在腰上别一块电池盒，西装腰部留出的宽度就是给电池盒备用的。西装上衣的下摆不要超过下臀线。

第一套西装建议选藏蓝色。年轻男士如果怕藏蓝色老气，可以选择藏蓝条纹西装。

此外，演讲的服装最好八成新，太新和太旧都不合适，正式程度比听众的稍高两度就可以了。

高两度怎么把握？一个最简单的方法是，在两处细节上提升正式感。比如，大家都穿T恤衫，演讲者就穿有领的Polo衫；大家都穿牛仔裤，演讲者就穿一条休闲裤，或者在鞋子上提高正式度。

关于服装色彩的选择，如果可以联络到主办方，确定舞台背景板的颜色，就尽量选择背景板颜色的对比色和相邻色。不要选择和舞台背景同色系的服装，否则会被淹没在背景板里。

服装搭配可以为你的演讲加分，从今天开始，请练习运用你的外在形象去掌控你的情绪和表达吧。

如何设计造型

很多人喜欢把服装和发型搭配这些问题放在演讲的前一天才考虑，这个思维亟须转变。应该把这个步骤提前，甚至在演讲稿完成前就确定好。稿子出来之后，带着全套服饰与妆容预演一遍，看看镜子里自己的形象是不是自己预想的样子，是不是符合自己在演讲里的人设。

只要演讲服装不是华丽的晚礼服，就最好在生活中真实地穿一两天。我们的身体也是需要和衣服磨合的，特别是有些衣服刚穿上时很美，可能坐下来一小会儿，就会产生很多褶皱或产生静电，或者裙子和丝袜摩擦之后会移位。提前穿一整天，让自己和衣服更默契、更贴合，这样上台后才会有舒适自在的感觉。

服装挑款怎样才能有质感呢？答案是多去实体店试穿。在培养出对服装剪裁的空间想象能力之前，尽量不要选择网购。到实体店试衣服也有小窍门，就是不要把风格差异太大的衣服放在一起比较。因为不同颜色、不同款式的衣服可以拿出来比较的点太多了，标准太多，评价就很难准确，会受到固有习惯和心理倾向的影响。

正确的方法是，如果想试一套黑色的套装，就从黑色的套装中挑三件款式大同小异的，然后对比这三套，看看哪一套更适合你，或者哪一处设计你更喜欢。例如，这套的领口好看，那套的腰线不错，另一套的裙摆更适合你。这样试几套类似款，你心里对自己大概适合什么样的款式就有概念了。

如果演讲的场合是可以看到演讲者的脚的，那么鞋的搭配也很重要，最保险、最安全的是黑色和裸色的鞋。

登台演讲的时候因为可能要站10分钟，甚至半个小时，所以女生穿3~5厘米高的中跟鞋就够了。注意，不是坡跟鞋，坡跟鞋属于休闲单品，不适合舞台展示。当然，高跟鞋的高度也可以根据自己平常的习惯来决定。推荐大家选鞋子上没有任何装饰的，杏仁头或者尖头鞋都可以，圆头鞋不推荐，因为圆头鞋整体呈现出来的可爱感和圆钝感，与舞台上需要发挥的张力和影响力不是特别符合。

总结

在演讲舞台上呈现的服装与发型部分是最容易被演讲者忽视的,却也是最容易提升效果的一环。只要掌握了服饰搭配与发型选择的方法,你的舞台魅力和形象将加分不止一点点。

小测试

（1）捕获注意力的三要素是_____、_____、_____。

（2）第一印象有55%是_____,38%是_____,7%是_____。

要点提示

重要观点

（1）常见的形象陷阱有两个：第一，以后再说；第二，我喜欢。

（2）改变肢体语言、着装以及说话时的姿态，可以瞬间提升印象分。

（3）职场着装不建议选择时尚单品。

（4）什么时候你开始关注自己的形象了，它能带给你的改变和能量才会释放出来。

高频问题答疑

知道了自己的形象风格，可还是不知道应该怎么搭配才能让自己看起来更好，该怎么办？

> **答案▼**
> （1）模仿同类型的装扮,最简单的做法是,周末去人流量大的街区,观察行人的装扮；（2）看时尚杂志,但请注意,流行的不一定适合你；（3）平日里观看电视节目、综艺节目时,可以借鉴主持人的服饰搭配。

课后作业

讲述你在装扮上曾经触碰过的雷区,以及未来的修正方案。

第13章
控制表情、体态及声音，展现完美台风

四大秘诀

1. 进行积极的心理暗示

2. 出声练习关键台词

3. 带一个吉祥物

4. 调整呼吸

四大气场修炼术

无声语言

身体语言

有声语言

出场与谢幕

很多人都以为主持人跟艺人差不多，锦衣华服，拿着团队准备好的稿子，美美地呈现声音就好了，这其实是一个美好的误会。主持人，特别是广播电台的新闻主播，他们的真实工作状态经常是独自一人承受高压，灰头土脸，尤其是做突发性新闻直播和灾难性报道直播的时候，新闻现场是非常混乱的，后方团队能够提供的支援非常少。

主播坐进直播间的那一刻，他就是一个高速运转的信息处理中心。他要把从各个渠道获得的信息快速梳理、记忆，然后及时播报出来。要知道，在一个 24 小时直播的新闻频道中，出现 7 秒钟的空白就可以定性为一次重大的直播事故。由此可见，主播的思维断点和大脑空白最长是不可以超过 7 秒钟的。这样的工作我做了 16 年，做这种高强度的即兴口语表达超过 1 万小时。它带给我的最大收获就是，在强大的压力下时刻保持头脑的清醒，时刻保持战斗的姿态。

四大秘诀

根据我多年面对现场直播压力的经验，这里分享四个可以让大家快速进入演讲状态的秘诀。

01 进行积极的心理暗示

在讲述克服舞台恐惧的内容时提到，要至少提早半小时候场，把压力值提前。当你的心绪平复之后，还有一个实用技能可以帮助你进入状态，那就是进行形象化的想象。

一位奥林匹克长跑运动员说，每一次大赛开始之前，他都会想象自己奔跑的画面。在这个想象的场景中，其他的参赛者都会走入他的脑海中，然后他会设想每一种可能会出现的情景。例如，他跟在谁的后面，是什么时候转换跑道的，怎样完成最后的冲刺等。在他设想的画面中，都是他自己赢得了比赛。

对于演讲者来说，这种积极的想象有助于克服对舞台的恐惧感。尽量在脑海中把演讲想象得很具体，想象可能的成功方式，并且去熟悉那个成功的自己。

02 出声练习关键台词来增强信念感

很多人在背诵演讲稿的时候喜欢默背，建议大家在上场前，环境相对嘈杂、干扰比较多的时候出声练习关键台词。使用这种方法除了可以强制自己把注意力集中于演讲本身，也可以增强自己对演讲内容的信念感，使自己更快速地进入备战状态。

03 带一个吉祥物

这个经验依然来自需要经常面对竞赛压力的运动员。很多运动员出场比赛的时候喜欢穿固定号码的球衣，佩戴一个对自己很有意义的配饰，或者带一个坚信能给自己带来好运的吉祥物，甚至是做一个有仪式感的固定动作。这些都是减少焦虑感、增加掌控感和安全感的好方法。

04 调整呼吸，比一直喝水更实用

很多人因为紧张，演讲开始时的声音会颤抖，有人为了缓解紧张，会喝很多水。大量喝水这个做法其实不太好，因为紧张状态会导致新陈代谢加快，再加上摄入大量水分，会让人比平时更容易产生去洗手间的欲望。这里建议大家可以原地跳几下，做几个弯腰和伸展的动作，令呼吸节奏加快，然后静待它回归正常。等心率恢复到正常水平之后，继续深长、稳健地呼吸，这样有助于唤醒声音状态。

> **四大气场修炼术**

提升自己在舞台上的气场，可以从这几方面着手：无声语言、身体语言、有声语言、出场与谢幕。

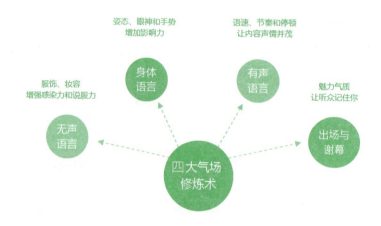

01 无声语言

所谓无声语言，就是服装和造型。跟语言传达信息的方法不同，服装和造型不是从你开口说话才开始传达信息的，而是从你进入听众视野的那一刻起，一直到你完全离开演讲的场地，它都在向听众传达信息。

一场演讲最少需要10分钟，在这段时间里，听众的眼睛除了看PPT以外，只能从头到脚反复地打量演讲者，看演讲者的发型、妆容、服装、姿态。所以，在演讲的这段时间，演讲者的形象是被听众无限放大，从头到尾反复检阅多次的。任何一个细节的忽视，都会在听众的思维里造成一个小小的跳脱和抽离。

第 13 章　控制表情、体态及声音，展现完美台风

02 身体语言

如果一个演讲者的身体语言传递出的信息是不确定的、不自信的，那么不管他的语气多么肯定，听众都更愿意相信他的身体语言，而不会相信他所说的话。

演讲时的一切身体语言的呈现都离不开我们对身体的觉察与控制。运用身体语言的两个核心理念如下。

第一，身体语言要与要传达的信息保持一致。

第二，是否运用身体语言、运用多少，以"内容需不需要、需要多少"为第一准则。

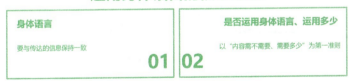

1. 眼神

在传递情感方面，眼神往往比声音更能抓住对方的心。如果说话的时候看不到对方的眼睛，则很容易产生不信任的感觉。一个演讲者一定要学会运用眼神的力量。这种力量可以帮助演讲者更巧妙地控场、更细腻地展现内在情感、更充分地与听众交流。

那么，一场演讲需要花多少时间与听众进行眼神互动呢？

有研究表明，花九成时间与听众进行目光接触的演讲者，会被听众认为更加诚实、可靠；目光接触的时间少于五成的，就会被认为是不友善或者是经验不足，以及不诚实的。所以我们在运用眼神跟听众进行连接的过程中要遵循的原则是，脱稿演讲时，90%的时间都要与听众有眼神交流，即使采用的是读稿子、做报告的演讲方式，也要尽量把与听众目光接触的时间维持在整场演讲时长的一半以上。

具体的方法是，在演讲的过程中，表达完每一个观点之前，你的目光都要停留在一个人身上，不要四处扫视，话题转换之后，视线再转移到另一个人身上。目光在每个人身上停留的时间最少是3秒钟，目光所及之处要包括所有的听众。

在大的会议厅或者大礼堂里做演讲，目光很难接触到每一个听众的时候，可以将听众区划分成几个区块，如前、中、后和左、中、右，类似于九宫格。可以随机选择区块与听众，每讲一个主题，目光就换一个注视的区域，除了中间的主体区块，还要特别关注容易被忽略的外围区域。

2. 手势

演讲时可以通过一些手势来强化自己的情绪，这样更有助于顺利地完成演讲。但前提是不要刻意追求，也不需要运用太多，手势起到的是辅助说明的作用，越自然越好。

手势要提前练好，要与内容无缝连接，不能到了演讲舞台上再刻意地制造手势。

训练手势的时候不要忘了考虑话筒，通常要把所有可能的情况都考虑进去，纳入训练场景。而且话筒不同，演讲时的起始姿势也不一样。

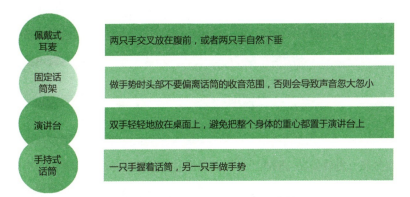

手势的运用要考虑两个方面：与内容结合、表现情绪。

演讲中使用得最普遍的手势是描述性手势，因为它可以表达很多意思。

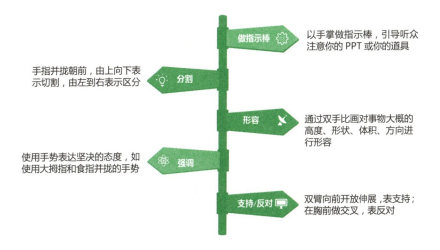

3. 身体姿势

身体姿势是与手势相对的，在演讲舞台上表现为站姿与走位。站姿通常应该符合两个原则：端正、放松。

端正的站姿，就是不要重心倾斜、含胸驼背，而是要抬头挺胸，把身体的重量平均地放在双脚之上。

男士站姿对比图（左正确，右错误）

双脚不需要与肩同宽，与肩同宽是做广播体操的姿势。男士的双脚只需要分离一个脚长的距离就可以了，女士可以不那么正式。

男士与女士站姿

在保持身体端正的同时，还要维持身体的放松感，不要僵硬。过于僵硬会让演讲者看起来很拘谨和笨拙，影响演讲内容的可信度。

第 13 章 控制表情、体态及声音，展现完美台风

站姿对比（左正确，中、右错误）

需要提醒的是，在演讲舞台上使用身体语言时有三大雷区：交叉腿、兰花指和用手指指向他人。要注意，一定不要在舞台上出现这些动作。

03 有声语言

在演讲表达中，关于有声语言，主要的着力点在于语速控制、节奏控制与停顿技巧。

1. 语速控制

给自己的语音测速，掌握什么时候应该快，什么时候应该慢。

快和慢本身没有所谓的好坏之分，重要的是语速要有变化。强调一个句子中的重点时要放缓语速，讲述相对不太重要的内容时可以加快语速。演讲

者可以在一句话中进行轻重音的转换，既可以让听众更加清晰地理解演讲所表达的含义，又可以让演讲者的表达更加生动，更有画面感。

2. **节奏控制**

分析稿件，找到情绪爆发点。具体的训练方法就是认真备稿、逐字分析稿件。

演讲者要提前从一篇演讲稿中找出最重要的段落，在每一个自然段中找到首句和尾句，再在每个句子中找到两三个重要的词语，并在下面画线，对于尤为重要的词，要在下面画两道线。找到问号、叹号这些表达强烈情绪的标点符号，用有颜色的笔把它们标记出来。故事中的时间、地点、人物要素，也都用重点符号标记好。最后，把经过标记的演讲稿重新朗读一下，在那些有标记的地方适度变换语调，或者做出与文字内容相符的情绪反应。

3. **停顿技巧**

不要害怕停顿，演讲当中的停顿通常分为三类。

第一类是自然停顿，是为了换气或是在刚好结束一句话后做一个停顿，非常短暂。

第二类是语法停顿，是为了尊重句子结构，如在标点符号处停顿。对于长句子，也可在主语后停顿。

第三类是修辞停顿，主要起酝酿情绪的作用。

什么时候停顿，以及当时停顿有什么作用，通过下图的展示，大家就会一目了然。

（1）在开场之后停顿，可以宣告正文即将开始。

（2）在发表重要信息之前，做 1~2 秒钟的停顿，可以制造悬疑，让听众对接下来的内容产生期待。

（3）在发表重要信息之后，做 2 秒的停顿可以扩大这个信息的影响力。此外，此时的停顿还可以起到过渡作用。

（4）在正文之后停顿，可以宣告结尾即将登场。

（5）许多专业的演讲者会在讲完结尾后，说"谢谢大家"之前停顿一下，为演讲画下句点。

04 出场与谢幕

只要你进入了听众的视野，你的所有动作展现与形象，都在向听众传递信息，因此出场与谢幕也非常重要。

出场时通常建议大家快速上场。一般来说，当主持人叫到你名字的时候，你要快速地站立，然后向听众点头致意、挥手，千万不要走得过慢，因为宣布一个人上场的时候，大家通常会鼓掌，如果你走得很慢，就会出现掌声平息了你还没走到地方的情况，就人为地制造出了一个冷场。

如果舞台确实很大，你的鞋子或裙子让你没有办法迈开步伐，那么你可以选择向听众招手致意，带动大家跟着你的情绪鼓掌，从而在掌声中来到舞台中心位置。

出场的时候，要找到舞台的能量点。每个舞台上都有一个能量点，通常情况下，它是舞台宽度靠近听众席的1/4点处。在这个位置上，能够保证外围的听众都在你的视线范围内。也就是说，即使是第一排最边上的人，也在你的视线范围内。你上台并走到那个位置之后就可以先站定，不要急着开始，要花一点时间去定场、环顾会场、注视听众、微笑，等脚步站稳了，听众的注意力集中了，你再开口说话。

上场的走姿自然需要昂首挺胸，但是不要仰头，不要趾高气扬，更不要踢着腿上去。走路的时候一定是髋关节发力带动大腿，大腿带动小腿，小腿是不发力的。

演讲结束之后不要匆匆离开，否则会给人逃之夭夭的感觉。正确的做法是，讲完之后在台上停留几秒钟，点头微笑来答谢听众，或者给会议主持人一个铺垫过渡的机会，然后收拾好随身物品，从容自若地走下舞台。千万不要做长舒一口气，浑身立刻软塌下来，或者伸舌头、害羞等动作。记住，回到座位之前，你的形象展示一直在继续，你仍要展现专业、自信的形象。

如果在你回座位期间，有人向你表示称赞，一定要用目光回应，千万不要说"讲得不好""不好意思"等，讲"感谢你""谢谢支持和鼓励"就够了。

总结

很多人对演讲稿足够重视，对舞台呈现环节却不太关心。其实舞台风范才是区分演讲小白和演讲高手的重要分水岭。舞台上所有的细节都会被观众反复审视，优点和缺点都会被放大。一个手势做得不到位或者语气有点犹豫，都会暴露演讲者的信念不足。所以一定要做"全仿真"训练，登台与谢幕这些亮相和收尾动作，一定要真正走几遍彩排流程，录制视频回看，挑毛病、找问题，有的放矢地进行修正，才能在真正登台时游刃有余。

小测试

（1）练习关键台词的时候要发出声音，这样做是为了_____。

（2）控制表情、体态和声音，主要通过_____、_____和_____。

（3）演讲时的一切身体语言的呈现都离不开我们对身体的_____和_____。

（4）脱稿演讲时，与听众眼神交流的时间占演讲总时长的_____比较好，目光在每个人身上停留的时间最少是_____。

（5）在演讲舞台上使用身体语言时有三大雷区，分别是_____、_____和_____。

（6）在演讲表达中，关于有声语言，主要的着力点在于_____、_____和_____。

要点提示

重要观点

（1）良好台风的展示主要表现在无声语言、身体语言、有声语言、出场与谢幕等方面。

（2）演讲开始之前，不要通过一直喝水来缓解紧张。更好的做法是，先把悬着的这口气放掉，可以做几个简单动作，让自己的呼吸、心率恢复到正常水平。

（3）演讲最重要的是得体和不出错。

（4）眼神可以比语言传递更多的情感，也更能抓住听众的心。

（5）手势需要随着使用的话筒和场地的不同而变化。

（6）出场的时候记得先找到舞台上的能量点，这样即使是第一排最边上的人，也能够在你的视线范围内。

（7）大方地接受别人的赞美，回到座位之前，需要一直展现出专业、自信的形象。

---高频问题答疑---

（1）喜欢的发型和喜欢的衣服不是特别般配，这个时候应该以哪个为主？

（2）演讲时，因为紧张而分配不好与听众互动的时间和座位区域，该怎么办？

> **答案▼**
>
> （1）如果喜欢的衣服和演讲主题风格相符，建议以喜欢的衣服为主。因为演讲时，你和听众的距离是4~10米，最先被关注到的是身上的色彩、服装轮廓、身材比例，然后才是头面部的装扮。
>
> （2）一开始不要给自己那么大压力，从大方面到小方面来捋清楚。先确定好哪个环节和听众互动，如何互动，有几个问题，互动对象是男还是女。这些细节可以先在家考虑清楚并排练好，上场后就会好很多。

💡 课后作业

下周你要去做一个自己所在行业工作报告的演讲，提前排练时，请从无声语言、身体语言、有声语言、出场与谢幕这几方面做准备，"全真"模拟一遍正式上场时的演讲。

Part 5

提升技巧
IMPROVING SKILLS

第14章
自我介绍

挖掘名字里的记忆点

解释名字的由来　　建立联想　　自嘲　　基因和血统

挖掘身份标签里的记忆点

学历背景　　职业背景　　地域背景　　兴趣

挖掘价值标签

这里给大家提供一个自我介绍的万能模板,大致内容包括:"我"是谁,"我"有何不同,怎么证明("我"的不同),"我"能提供给听众的价值是什么。回答好这四个问题,你的自我介绍听上去就很成体系了。

这个模板的意义在于提供一个逻辑顺序,让听众快速对你有一个整体印象。更进一步的要求是,让听众不假思索地、不需要再进行信息整理就记住你。要实现这个效果,需要把跟自己相关的素材进行选取和提炼,整理出一些利于听众记忆的点,然后用一些有个人风格的表达技巧去完善。

怎么挖掘这些记忆点呢?这里给大家提供几个好用又讨巧的思路。

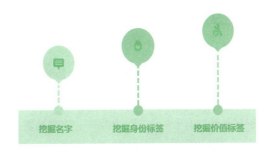

挖掘名字里的记忆点

从小到大,我们身边都有一些人的名字比较有特点、有创意,让人过耳不忘,但大多数人的名字都达不到这个效果。那么,到底应该如何让人快速记住我们的名字呢?不妨试一试以下四个大招。

01 解释名字的由来

凤凰卫视的主持人陈鲁豫,因为爸爸祖籍山东(简称鲁),妈妈祖籍河南(简称豫),她的名字就是将父母家乡的简称组合在了一起。

我有一个朋友姓何,他太太姓齐,他们希望孩子一生快乐,就给儿子起名何齐乐,最妙的是他还给儿子取了一个小名,叫"呵呵"。这个孩子的名字连起来就是"何齐乐呵呵",听着就开心喜庆。当我们用解释名字的由来这个方式来找到名字的记忆点的时候,即使是名字里有一些比较生僻的字,或者是名字里的几个字并没有什么关联,也能让大家快速记住你的名字。

在解释名字由来的过程中,有一些人的名字可能是来自一个成语或者一句诗词,这也能给大家带来深刻的记忆点。我曾经的一个同事,他给女儿取名为江如兰,而我这位同事的名字叫江水,他们父女俩的名字串起来就是一句诗:"春来江水绿如蓝(兰)。"

还有人的名字可能是一个小故事。我有个同事叫梦虎,他说是因为他妈妈在生他的前一晚做梦,梦见了一只老虎。

我认识一个女孩,名叫陈雪嘉婧,这个名字就是她出生之后,她的妈妈和外公、外婆,一人在字典上随便翻一页找了一个字,都觉得挺好,谁都不想放弃自己的,于是她就拥有了一个四字名字——陈雪嘉婧。

如果你的英文名字有特别的记忆点,也可以告诉别人,从而强化留给别人的印象。例如,有的人中文名叫夏天,英文名叫 Summer。

02 建立联想

可以跟名人产生连接,也可以用名字里的元素营造一个简单、形象的画面。

比如,冯俐这个名字听上去很普通,但她可以这样跟别人介绍自己:"我叫冯俐,冯巩的'冯',巩俐的'俐'。"这种方法对于名字普通或者名字里有生僻字的情况比较适用。

我有一个朋友叫刘翰阳,他自我介绍时说:"我工作踏实努力,不怕吃苦,我属羊,我是一头流着汗的羊,请大家记住我的名字——刘翰阳。"

联想也可以用上谐音的方法。我有一个同学叫金莹,生在南方,因为很多南方人分不清前后鼻音,她经常被人叫成"金银",但她觉得这个口误很好,于是她每次都开心地说:"请大家记住,'金银'财宝就是我。"

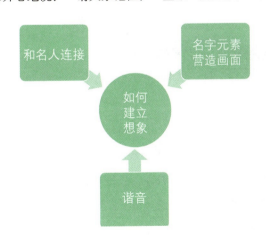

03 自嘲

如果你的名字经过一番拆解,还能营造幽默感,那么可以把它用来自嘲。有一位脱口秀演员叫史炎,他说这个名字一度让他很郁闷,从小到大他都被同学叫"眼屎"。不过后来他自己主动拿这个梗来自嘲，因为这样可以让大家对他印象深刻。

自嘲还有一种方法，那就是选择名字与个人特质有冲突和矛盾的点。我认识一个男生，他很瘦弱，可是他的名字偏偏叫许壮汉。这类矛盾点就可以加进自我介绍，通过营造幽默效果来强化别人对你的印象。总之，自嘲不要生硬，而要确实能够跟你身上的某个特质吻合或者矛盾。

04 基因和血统

有些人的名字有异域风情，这些也是可以提取出来的记忆点。比如，内蒙古的巴图、四川彝族的吉克隽逸、凤凰卫视的主持人尉迟琳嘉，都很特别。武侠小说里的慕容、上官、西门、欧阳、完颜，都特别有故事感。

挖掘身份标签里的记忆点

01 学历背景标签

这个比较简单，就是你的毕业院校和专业，这个与你能提供的价值有关。你的学校排名比较靠前、有知名校友，或是专业听上去比较偏门、比较"高大上"，如导弹与核工业，就会给人留下深刻印象。又或是跟基因、人工智能有关的学科，这些属于比较新颖的，比较容易形成记忆点。当然，如果你能用有趣的方式介绍自己的专业，就更加分了。

02 职业背景标签

职业背景可以挖掘出很多行业话题。比如，有的职业工作比较辛苦，如

"程序猿""广告狗""设计狗"等，这类职业会使很多人产生共情；还有的职业比较小众，但很有光环或者话题性，如投行、酒店试睡员、时尚买手、网络主播等。

03 地域背景标签

主要是你家乡的地理位置、历史坐标和你走过的足迹。中国地大物博，每一个地域都特别有个性，这也是一个很能拉近与陌生人之间距离的话题。

比如，来自内蒙古的人经常被问到的问题就是："你们内蒙古的孩子是不是都住帐篷、骑马上学？"再如，我的家乡在东北黑龙江，我来到南方工作之后被问得最多的问题是："零下40摄氏度比冰箱还冷，听说很多人的耳朵和鼻子都冻掉了，是真的吗？"那个时候我就会顽皮一下，跟对方说："是啊，我的耳朵就被冻掉了，现在这个是塑料的，不信你摸一下。"然后大家就会哈哈大笑。

案例▼

> 我有一个朋友，她的老家在河南省商丘市虞城县，这是一个很多人都不知道的县城。因为中国古代的巾帼英雄花木兰的故乡就属于这个县城，所以她每次自我介绍时，都说她来自花木兰的故乡。刚好她的性格也比较大气、豪爽，甚至有点男孩子气，这样一来，大家就很容易记住她来自哪里了。

04 兴趣标签

在面对陌生人进行演讲时，讲自己的兴趣爱好是一个很安全的暖场话题，这是连接同频伙伴、抱团成长的好方法。但在提供信息的时候，除了那些未加工的原始信息之外，还要有"再延伸一步"的意识，来帮听众解读一下。

例如，你爱跑步，完成了多少次打卡、跑了多少公里，相当于在多长时间内跑了几个马拉松；你爱登山，登高的总海拔相当于多少个珠穆朗玛的海拔。你喜欢滑雪、各种球类、各种棋类运动都可以，但不要只说到喜欢这一步，还要从喜欢中挖掘出独特的体会。比如，棋类运动让你看到了哪些思维的乐趣，球类运动使你产生了哪些感悟，要把这个信息再深挖一层，然后加工成成品传递给别人。

挖掘价值标签

网络世界的信息流转得非常快，每天都有大量的信息冲击着我们，每个人的注意力都是消耗品，在不停地被分散和削减。你要做的就是，当一个演讲机会摆在你面前时，你要向对方提供经过你独家解读的高价值信息，这个信息贴上你的标签后，就不再平凡了，而且它的到达率会更高。

除了这些身份、地域上的不同点之外，你本身的不同既可以是你独特的优势，也可以是明显的劣势，甚至是你变劣势为优势的能力。比如，很多人都知道我是中国播音主持界最高奖项金话筒的获得者，但是有些人不知道我其实是个"半路出家"的人。我大学学的专业是法律，我是毕业之后改行进入媒体圈的，并且用了10年的时间获得行业最高奖项，这是我和很多同行的差异点。这个手法也可以用在一切经历过改行和跨专业的人身上。

你所取得的成就就是你自己的价值背书。

可以从两个角度来说明自己的成就，一个是荣誉的高度，另一个是成就的稀缺。比如，某个证书在全国乃至全世界只有几个人有。还有一种成就，就是通过坚持累积而造就的不凡和给个人的生活及成长带来的质变。例如，坚持早起、坚持做早餐、坚持写作、坚持阅读,当然,还有坚持演讲和朗诵。

关于你能提供什么价值,这里有两个延伸思路:正向和反向。

正向的思路是职业领域,如你的专业、你的兴趣,这些都可以成为你给别人提供的价值点。

如果你的身份是"小白",几乎没有什么价值可以提供给别人,该怎么办?这个时候可以通过反向思路,展示你上进的精神风貌,提出你的愿景、你的职业生涯规划。你可以求助,让别人向你提供价值,让别人看到帮助你之后可以产生的价值。不要放弃任何一次展示自我的机会,包括展示你的需要,这会最大限度地帮你拓宽人生边界。

总结

有句话是"世界只给你1分钟",意思是你如果不能在1分钟内让别人记住你、了解你、喜欢你,那么就等于你已经失去他的关注了。自我介绍是一个在社交场合和职业场合都非常高频的演讲应用场景,一定要好好设计。如果你有多重身份或职业,建议根据活动主题和与听众的相关性,选择一个最适合当下场景的版本。

小测试

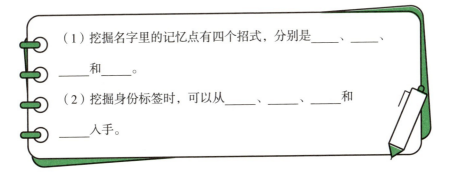

(1)挖掘名字里的记忆点有四个招式,分别是____、____、____和____。

(2)挖掘身份标签时,可以从____、____、____和____入手。

要点提示

重要观点

（1）让别人迅速记住你的要点是，传递加工好的成品信息。

（2）网络时代，传达的信息需要与众不同，才能赢得别人持久的注意力。

（3）当你提供不了专业价值的时候，不要放弃，因为你还可以求助，让别人通过帮助你来产生价值。

高频问题答疑

自我介绍时有那么多的标签，如果做一个排序，那么哪个是最重要的呢？

答案▼

　　价值标签。因为在公众场合，大多数人是互不认识的。而人都是最关心自己的，这其中就包括"对方能为我提供什么价值"，这部分相关内容也最能引起别人的兴趣。

课后作业

以本章介绍的至少一个思路，做一个3分钟的自我介绍。

第15章
如何做好社群分享

社群的生命力

社群分享的秘籍

- 社群的活跃度
- 社群的价值
- 切合主题
- 提供价值
- 引发信任和追随

社群分享的红线

时间线

主题线

节奏线

影响社群分享效果的其他因素

声音状态

意外情况

有人问，打造个人品牌的捷径是什么？

答案是：社群分享。我和你在一个群，我们互加好友，我和你一起抢红包、一起吐槽，这种连接互动的深度比其他模式更稳固。除了学习交流之外，社群还带有社交属性。

接下来为大家解锁社群分享的技能。

社群的生命力

最初我在"在行"平台上接待的客户，大多是为了某个即将登台的重要演讲来寻求帮助。而现在客户的需求已经发生了微妙的变化，他们大多是即将要做一次社群分享，来找我辅导，并提前规划。

01 社群的活跃度

现在，很多企业都以微信社群作为品牌建设的主战场。我从事的知识付费领域、各种类型的训练营，更是非常倚重社群运营。然而，社群也是有生命周期的，部分社群从热热闹闹地成立到大家都"潜水"的沉寂状态只需要一个月，有的可以支撑半年，运营得好的可以保持两年的活跃度。

经过仔细分析，我发现那些保持活跃度和黏性的社群，大都具备三个关键特点：一是成员之间的熟悉程度高，相互认识的人数较多；二是互动频次高；三是成员之间的信任度高。

所有的社群在成立之初都有一定的活跃度,但若不能持续提供价值,那么活跃度便会慢慢地下降,大多沦为广告群,群主和成员会选择解散或者退群。怎样才能让社群保持活跃度和凝聚力呢?怎样才能让加入社群的人舍不得离开,让他们觉得在群里能体现自己的价值呢?

1. 要让成员有存在感,有同频发声的伙伴

能留住人的社群,一定是能让成员有存在感的社群,成员觉得自己的观点能得到认可和传播,能找到发出相同声音的群体。

2. 社群要提供实用的内容干货

社群提供的内容干货要既多又实用,让成员感觉自己留在群里就能长知识,群里组织的活动也与自己的兴趣和需求高度相关,适合自己参与。

3. 社群要提供人脉资源和链接

社群里要有成员重视的人脉,在这里他们可以融入圈层,寻找发展的机会。概括来说,要么成员在社群里有江湖地位,要么成员在群里能得到好处,要么群里有成员在乎的人。

02 社群的价值

社群在每一个成员心中的价值,决定了社群的价值。能否持续输出有价值的东西,是考验社群生命力强弱的重要指标之一。

> 📋 **案例** ▼
>
> 罗辑思维是早期最大的互联网知识社群,它的生命线就是深厚的知识积累和稳定的视频输出。每天早上,"罗胖子"的一分钟语音,对每一位爱读书的人而言都是最好的唤醒方式。
>
> 好的社群一定能给成员提供稳定的服务输出,这才是成员选择入群和选择留下的原因所在,也是这个社群的重要价值之一。

做好社群分享,就是稳定输出社群价值的好方法。很多社群为了保持活跃度,会定期安排群分享。做群分享的人员来自社群的灵魂人物、外部邀约的大咖、内部的优秀成员,以及运营方面有特长的成员,如表15-1所示。

表15-1 社群分享模式

分享模式	具体说明
社群灵魂人物做分享	很多社群,成员加入其中就是冲着社群灵魂人物的威望。这种分享机制一般对于灵魂人物的要求很高,其须有极高的威望,还要有源源不断的分享主题和机动时间
嘉宾空降	这种模式是请社群外的大咖或专家来分享,需要群主有足够的人脉关系,能请来各路嘉宾捧场,或者社群成员足够优质,有足够的能量吸引嘉宾来分享
经验总结	这种模式比较适合企业内部社群或社群运营比较好的团队,定期做社群内部分享,在微商销售团队里经常采用
轮换上台	这是最佳模式,但需要社群成员本身质量都很高,内部的分享量足够

线上社群分享的优势在于,一方面,不受场地局限,一次分享,整个社群同步抵达,借助技术工具能轻松实现多社群的同步直播;另一方面,分享

的内容能够沉淀下来、多次传播，真正做到了投入少、产出高。由此可见，线上社群是一种非常理想的传播方式。

社群分享的秘籍

运用演讲思维做好一次社群分享，有三个关键点：切合主题、提供价值、引发信任和追随。

01 切合主题

首先看第一个关键点：切合主题。精准抓住社群因何而聚，需要做好三件事。

1. 分析社群分享的听众是谁

社群分享的听众与普通演讲的听众最大的差别在于，社群成员的身份、爱好、目标是非常聚焦、高度一致的，是一群有着共同兴趣、认知、价值观的人，大家在一起抱团成长，互相交流、相互感染。

因此，在做社群分享的时候，主题一定要聚焦，要从小切口进入，不需要做时间太长、太拖沓的自我介绍，因为大家过去已经了解你了，或者未来还有很长的时间可以了解你。建议提供一张个人海报，做一分钟自我介绍之后就直奔分享主题。

2. 让听众找到归属感

社群是一个存在感、归属感、目标感都比较强的群体。怎样让大家从你的分享内容中找到归属感呢？一定要让大家觉得你的分享与他们有关，你出现在这儿是有原因、有故事的。讲到相关人物，最好能点名到人，使社群中的各类人物产生存在感和归属感，让他们觉得自己对社群里的其他成员是有贡献、有价值的。例如，是谁引荐你来到这个社群的，你对社群里的哪些人早就久仰大名，你对社群的独特风格如何仰慕……总之，尽可能多地链接社群成员，提供情绪价值。

做社群分享时要抓住社群中的三类人：第一类是引领社群的核心人物、灵魂人物；第二类是核心人物的积极跟随者，他们会很积极地对群内的优质信息进行加工整理，并传递给更多人；第三类是对内容认同，并乐意转发分享给其他人的围观者，他们是真正引发爆发式传播的重要力量。

社群中的核心人物要调动跟随者的积极性，让第三类人，也就是普通听众积极响应、分享，并参加社群活动，才能让大家找到归属感。

3. 调动气氛，提供福利

此外，为了保证分享内容的到达率，在群里要多发分享的主题和时间等消息。重要任务可以一对一通知，也可以提前设置一个暖场小环节。结尾时最好能给群成员提供一些福利。

02 提供价值

分享的策略准备充分后,就要设计社群分享的语音内容了。

1. 判断分享的内容的好坏

好的分享内容,在我看来只有一个标准——从效果出发。具体来说,就是要做到以下四点。

(1)个人标签和个人品牌得到再次强化。

(2)陌生社群分享,大家都来加你的微信。

(3)熟悉社群分享,收获一批"铁粉"。

(4)分享的观点可以被二次传播。

2. 有效的社群分享

如何实现以上四种传播效果呢?

(1)目标清晰。

始终聚焦于听众的需求,明确这个群体最关心的是什么。

(2)提供价值。

任何一个分享的核心动能都是提供价值。平时多收集大家的需求,善于诱发别人对你的价值需求。

03 引发信任和追随

社群分享的高手,一定非常擅长抓取听众的注意力,而且能在短时间内快速掌握并及时满足听众的心理需求。做到了这两点,才能引发听众的信任和追随。也就是说,需要给听众一个触点,去触发信任和追随的开关。

社群分享的红线

这里跟大家说说社群分享时不能踩的三条红线。

01 时间线

一定要严格遵守时间,这是最基本的。建议大家对自己的语音进行测速,清楚地知道自己一分钟可以讲多少字,按照语速和分享时长准备逐字稿。

刚开始做分享的时候,一定要在脑海中建立时间观念和时间掌控感,即便对内容非常有把握,初次分享时也要准备逐字稿(把要说的每一句话、每一个字都写下来)。

还有一个很重要的技术问题,就是和主办方确认好分享时长是指从开始分享到结束分享的时间跨度,还是纯分享的时间长度。

微信语音分享使用的时间是双倍的,要发出一段语音,就需要先录音,对方才能收听。你在发语音时,听众是在实时等待的。而且因为一些口误或者手指提前释放录音键等误操作,还需要撤回语音重录,这样整个过程就会被拖慢。

我的经验是,按照自己的语速,准备的内容占约定时长的 2/3 就够了,尤其是在那种比较热闹的氛围下进行分享时,内容逻辑一定要简单清晰,主题要特别鲜明,观点要有冲击力,便于扩散和传播。

这里提醒一点,如果社群里的部分人已经听过相关内容,那么在二次发表时必须做迭代,至少要做 30% 的更新或者内容深化。

02 主题线

牢牢紧扣主题,不管讲得多"嗨",都不能忘记自己因何而来。

适度诠释一下自己对社群主题的理解,以及入群之后的改变,这些和你真正分享的内容可以稍微做些连接。这会让你分享的内容与社群属性更加贴合,也会增加社群成员与你的情感共鸣。

03 节奏线

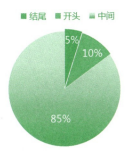

开头的篇幅占全篇的10%，结尾占5%，这样的篇幅比例安排，最有利于吸引听众的注意力，提升内容到达率。以20分钟的社群分享为例，开头需要占用2分钟，结尾需要占用1分钟。

影响社群分享效果的其他因素

01 声音状态

关于声音状态的控制，一定要设想是在什么时间、什么场景下听分享的。这决定了你的声音状态是亢奋的还是柔和的，进入主题的节奏是开门见山的还是迂回婉转的，以及最终内容的提炼和呈现是要有趣还是要有料。

02 意外情况

非常重要的亮相和社群分享，需要准备应急预案，如表15-2所示。

表15-2 应急预案

应急预案	具体说明
硬件方面	文字稿需要打印出来，以免出现电脑故障或者停电等突发情况；手机准备两部，将备用号也提早拉进群里；为了避免因为手出汗而导致手滑拿不住手机，可以使用手机三脚架将手机固定在桌上
软件方面	为避免因超时而讲不完内容，可将资料性的文件和声音文件制作成附件

总结

社群分享一定要擅于抓取听众的注意力，而且要在短时间内快速掌握并及时满足听众的心理需求。

小测试

社群分享时要注意哪三条红线?

❶

❷

❸

要点提示

重要观点

(1) 进行社群分享时,同频最为重要。

(2) 社群保持黏性和活跃度的关键在于,成员间相互认识的人数、互动的频次、彼此之间的信任程度。

(3) 好的分享要能够达到四个目的:个人标签和个人品牌得到再次强化;陌生社群分享,大家都来加你微信;熟悉社群分享,收获一批"铁粉";分享的观点可以被二次传播。

(4) 社群分享,一定要抓住听众的注意力,并且要在最短的时间内掌握听众的心理需求并及时满足。

(5) 社群分享时要注意三条红线:时间线、主题线和节奏线。

高频问题答疑

(1) 在不擅长的领域,应该怎样提供价值,怎样吸引别人关注?

(2) 分享即将超时,应该怎样救场?

答案▼

（1）第一，你的思考、你的问题、你为他人节省的时间都是价值；第二，多读书，多学习。

（2）第一，只说重点，对于不重要的内容，直接略过；第二，准备演讲稿时，根据时间设计内容，一般设计占用 2/3 时长的内容量就足够了；第三，如果的确需要延长时间，可以先征求听众的意见，再决定是要延长分享还是下次再分享。

课后作业

（1）设计一次有主题的社群分享，要求为 3 分钟的音频。

（2）录一段自我介绍的音频，时长要求为 1 分钟。

第16章
如何设计演讲互动环节

开场白

开场的切入角度

1. 提出问题，引出演讲主题
2. 以故事开场，引起听众兴趣
3. 用数字说话，起到震撼效果

演讲中的互动

· 提问　　· 答疑

> 开场白

开场白对于一次演讲而言非常重要。好的开场白，应该能够立刻让听众意识到，他们即将听到一些真正有价值的、重要的东西。

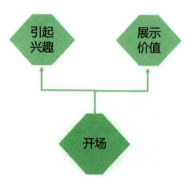

开场白需要达到两个目的：第一，使听众将注意力集中在演讲者身上，勾起听众对演讲内容的兴趣；第二，对整个演讲内容做一个概述，让听众产生期待感和掌控感。

演讲者出场后的自我介绍非常重要。演讲者的个人背景需要和所讲主题高度契合，而且背书要够权威，这样才能激发听众的学习兴趣。

有一个细节值得注意，现在很多人都有众多的身份标签，有些人的名片上有十几个头衔，一页都印刷不下，还需要折叠一下。我们都希望让别人知道自己涉猎广泛，具备超多资源。但是在演讲时，我建议大家做减法，只讲和演讲主题相关的最高荣誉。

> 案例1 ▼

小李是一个"90后"女孩，她通过了一个很难的形象搭配师的考试。组委会给她的评价是，她是目前为止在官方平台取得这个认证的第一位

> "90后"。这个背书让小李激动了好久。
>
> 一个年轻人能在短时间内通过一个高难度的考试,这背后蕴含的信息不言而喻,包括了学习力、理解力、执行力。这样演讲者过于年轻就不是劣势了,反而因为这个背书而变成了优势。

开场的切入角度

下面给大家提供三个在实战中反馈效果不错的开场切入角度。

01 提出问题,引出演讲主题

向听众发问,是切入话题的一个好方法。好的开场问题,要引起听众的兴趣,引出演讲主题,吸引听众参与进来。所以,你提出的问题要和听众的利益相关,并且要能调动他们的神经。

要想打破开场时沉闷的气氛,可以试试自问自答的形式。

📋 **案例2** ▼

> 我参加过一所大学关于《马克思主义哲学》的公开课,讲座对象是大学生。这个讲座光听题目就觉得很深奥,但老师是一个非常有经验的教授,他举了一个很贴近大学生生活的例子,告诉大家不要以为马克思主义哲学离我们很远。
>
> 这个教授说:"你和你的女朋友谈恋爱的时候,为一件小事发生了争吵。女朋友要跟你分手,你很苦恼,怎么办呢?这个时候学过哲学的同学和没学过哲学的同学处理这个问题就会有完全不同的方法和策略。"
>
> 学生一听,立马就有了兴趣。

02 以故事开场,引起听众兴趣

讲故事是一个社会传递共有的价值观和理想的最古老的方式之一。因为故事形象生动,故事里蕴含的道理会潜移默化地影响人。讲故事能唤起听众的代入感;强调故事里体现的核心理念,能引起听众的重视,也更有说服力。除此之外,还可以采取播放一段有视觉冲击力的视频短片来吸引听众。

03 用数字说话,起到震撼效果

开场时可以用一些与演讲主题和演讲目的相关的数字,如某些市场增长数据,或者平常不为人知的关于经济走向、人口统计以及社会趋势的细节数据。内容越与众不同,越让人难忘,结果越意外,效果越好。

📋 **案例3** ▼

> 关于要不要给宠物做绝育,有的人反对,认为给宠物绝育不够人道,质疑主人剥夺宠物的生育权。
>
> 起初我也持反对态度,但有一个故事改变了我的观念。
>
> 有一个男孩送给女朋友一只小猫,10个月之后,这只猫当妈妈了,它生了4只小猫。如果不进行绝育手术,这5只猫和它们的后代将在7年内繁殖出42万只小猫。
>
> 在美国,临时收容所当中70%的猫和55%的狗都被实施了安乐死,因为并没有足够多的人去收养它们。被实施了安乐死的狗和猫每年有8万只,如果要照顾这些没有人要的宠物,每年需要花费20亿美元。
>
> 流浪动物数量过多,就是因为很多主人没有给宠物做绝育。因此,作为一个负责任的宠物主人,你给你的宠物做绝育,其实是给了它一个礼物,避免那些无人收养的动物来到世界,避免它们的不幸遭遇。
>
> 这些数字相当有震撼力,对改变听众的观点也非常有说服力。

演讲中的互动

开场的第二个规定动作,就是对演讲的整体框架做概述,并交代这样设置的逻辑关系,强调演讲目标。这样的设计既可以体现演讲者的理论高度和逻辑思维能力,也可以让听众产生期待感和掌控感。

成功的演讲是以听众为中心的,而不是以演讲者为中心的。你的理论高度,不是体现在你的内容有多么深奥和专业,而是体现在你把专业且深奥的知识、技能、理论拆解得有多清晰,从而让听众在互动、讨论、思考的过程中,收获深刻的理解和记忆。

演讲中最常使用的互动方法是提问和答疑。

01 提问

1. 提问的意义

通过提问,可以了解听众对知识的掌握程度,引发听众思考讨论,带动听众做经验分享,促进互动,使徘徊在沉默边缘的人可以融入进来。

提问的另一个意义,是可以触发听众对于那些从来没有意识到的问题进行思考。演讲者不一定非要给出一个答案,有时候提出一个有价值的问题,比给出一个答案更有价值。

因此,演讲前可以在计划中列出要提出的问题,这些问题必须简短且容易理解,每个问题只能包含一个主题,并且要与学习要点紧密联系。当然,如果能设计一套从头到尾环环相扣的问题,就更棒了。

2. 提问的方式

（1）新概念，用旧认知引导。

当你想引导出一个新概念的时候，可以用已有的旧认知做引导。

案例4

> 罗振宇提出的"国民总时间"就是参照"国民总收入"这个词创造的新概念。
>
> 在互联网信息总量大约每3年翻一番的情况下，信息消费者的可用时间总量却几乎是个恒定的数字。这也意味着，每个新互联网产品的出现，都是对以往互联网产品在用户使用时间上的替代，替代程度越高，后来者就越容易获得成功，而"前浪"就越可能被拍倒在沙滩上。

这就是典型的用旧认知引导新概念的案例。

（2）旧常识，用新观点提炼。

此外，对于讲到的旧常识，也可以用一个新观点进行提炼。比如，结构思考力有一段时间非常火，后来很多人说结构思考力其实就是过去大家常说的系统思维。

02 答疑

答疑是互动环节的重要组成部分。成人听众更喜欢独立思考，也会很积极地提问，你需要认真回应听众主动提出的互动要求。

在答疑互动中，有几点需要注意。

1. 正式演讲前，预告问答环节

在演讲开始时就预告会有问答环节，但不要预告问答环节的时长。因为一旦做出时间限定，万一遭遇冷场，不提前结束的话双方都很尴尬，而提前结束就等于宣告这个话题无法引起思考和讨论了。

一个替代方案是，可以预告提问机会。例如，提供三个提问机会，用最后一个提问机会来制造意犹未尽的效果。

2. 对提问的应对

有人提问的情况下，为保证回答效果，可以先重复一遍问题，获得提问者确认以示尊重，同时给自己赢得思考时间。

我自己常用的方法是，先给提问归类定性，然后说出大的原则和基本方法，最后对个案做梳理和答复。如果感觉回答的内容比较专业，不好理解，还可以举例示范或者用类比的方式来诠释。

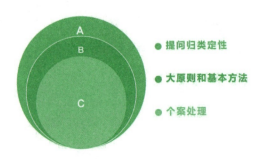

3. 对冷场情况的应对

如果遭遇冷场，没人提问，则可以用事先准备的一个同类型场合最常见的问题做引子来救场。

4. 对超纲问题的应对

对于超出自己能力范围的问题，可以马上做现场调查："同类的困惑谁还有？大家都是怎么处理的呢？"看看能否产生启发。

如果依然难以回答，那就坦白承认："这个问题我需要认真思考一下，稍后我们再探讨好吗？"

5. 奖励激励

提问的最后别忘记给提问者准备一个奖励做激励，如签名书籍、电子书、资料包、课程优惠券等，这个额外赠礼最好与课程主题相关。

总结

一场精彩的演讲，除了演讲者在台上讲，听众在台下听以外，如果能让这两者之间产生互动，那么，整个演讲就是两者的共舞，而不是一个人的独奏。但是互动一定要提前设计，才能保证效果。特别是当你以提问作为互动方式时，一定要预先设定好听众可能给出的各种答案，提早做好回应准备。

小测试

演讲的开场可以从_____、_____、_____三个角度切入。

> 要点提示

重要观点

（1）演讲的开场尤其重要，承担着引起听众兴趣和展示演讲价值的重要任务。

（2）开场的切入角度有三个：提出问题，引出演讲主题；以故事开场，引起听众兴趣；用数字说话，起到震撼效果。

（3）成功的演讲是以听众为中心的，而不是以自己为中心的。

（4）演讲者可以提前设计一下互动环节的提问，但请注意，这些问题必须简短、容易理解，每一个问题仅包含一个主题，并且要与学习要点紧密联系。

（5）演讲者开始前，可以预告有问答环节，但不要预告问答的时长，可以预告问答的次数。

高频问题答疑

（1）经验不足的演讲者，可以通过哪些方法引起听众的兴趣？

（2）演讲者答疑时遇到难以回答的问题，怎样回答比较恰当？

> **答案▼**
>
> （1）播放一段有冲击力的视频；抛出与听众利益相关的问题；用有震撼力的数据吸引听众的注意力。
>
> （2）做现场调查，召集大家一起讨论，看看能否得到启发；实在回答不了的，坦白承认。

> 课后作业

请就你擅长的领域，录制一段3分钟左右的微课，要求包含一个互动设计。

3. 对冷场情况的应对

如果遭遇冷场，没人提问，则可以用事先准备的一个同类型场合最常见的问题做引子来救场。

4. 对超纲问题的应对

对于超出自己能力范围的问题，可以马上做现场调查："同类的困惑谁还有？大家都是怎么处理的呢？"看看能否产生启发。

如果依然难以回答，那就坦白承认："这个问题我需要认真思考一下，稍后我们再探讨好吗？"

5. 奖励激励

提问的最后别忘记给提问者准备一个奖励做激励，如签名书籍、电子书、资料包、课程优惠券等，这个额外赠礼最好与课程主题相关。

总结

一场精彩的演讲，除了演讲者在台上讲，听众在台下听以外，如果能让这两者之间产生互动，那么，整个演讲就是两者的共舞，而不是一个人的独奏。但是互动一定要提前设计，才能保证效果。特别是当你以提问作为互动方式时，一定要预先设定好听众可能给出的各种答案，提早做好回应准备。

小测试

演讲的开场可以从＿＿＿＿、＿＿＿＿、＿＿＿＿三个角度切入。

要点提示

重要观点

（1）演讲的开场尤其重要，承担着引起听众兴趣和展示演讲价值的重要任务。

（2）开场的切入角度有三个：提出问题，引出演讲主题；以故事开场，引起听众兴趣；用数字说话，起到震撼效果。

（3）成功的演讲是以听众为中心的，而不是以自己为中心的。

（4）演讲者可以提前设计一下互动环节的提问，但请注意，这些问题必须简短、容易理解，每一个问题仅包含一个主题，并且要与学习要点紧密联系。

（5）演讲者开始前，可以预告有问答环节，但不要预告问答的时长，可以预告问答的次数。

高频问题答疑

（1）经验不足的演讲者，可以通过哪些方法引起听众的兴趣？

（2）演讲者答疑时遇到难以回答的问题，怎样回答比较恰当？

答案▼

（1）播放一段有冲击力的视频；抛出与听众利益相关的问题；用有震撼力的数据吸引听众的注意力。

（2）做现场调查，召集大家一起讨论，看看能否得到启发；实在回答不了的，坦白承认。

课后作业

请就你擅长的领域，录制一段3分钟左右的微课，要求包含一个互动设计。

第17章
简单三步设计出老板和同事都爱听的演讲内容

职场演讲的火候控制

不同场景下的职场演讲
- 告知型演讲
- 说服型演讲
- 礼仪型演讲

演讲中的互动和沟通

- □ 分析场合
- □ 分析听众
- □ 选取和嵌入故事

职场演讲的5个注意事项

熟人场合把握语言风格

不要过于自谦，也不要引起别人的不满

多讲细节

突出自己的人设

宜短不宜长

职场演讲的火候控制

职场中有一个有趣的现象,那就是出色的表现并不都会带来符合预期的结果,还需要分析所在团体的表达特性。

职场演讲根据沟通对象的不同,分为对内沟通和对外沟通两种类型,如表17-1所示。

表17-1 职场演讲的类型

职场演讲的类型	具体说明
对内沟通	包括公司内部成员之间的沟通,上下级之间的通知,传达规章制度,培训以及内部团队活动等
对外沟通	由演讲者代表公司对外演讲,营造外界对演讲者所在团体的整体印象,主要是公关、宣传、营销推广

对外沟通可以火力全开,但对内沟通如果也是火力全开,就可能会因为一些不可控因素而带来负能量。

因此,对内沟通需要分析自己所在团体的表达特性。例如,大家的沟通风格都是以赞美为主,属于皆大欢喜型的;或是以结果为导向,直白地指出问题;又或者不问来路,只用事实和数字说话……演讲者需要根据不同的表达特性去调整沟通方式。

不同场景下的职场演讲

根据应用场景的不同,可以把职场演讲拆解成三种类型:告知型演讲、说服型演讲、礼仪型演讲。

01 告知型演讲

告知型演讲就是分享资讯,演讲者扮演教育者和讲述者的角色,听众则扮演学习者的角色。

这个类型的演讲的重点,是将信息设计成方便听众理解和记忆的形式。

1. 新旧观点结合

把新观点和熟悉的旧观点结合起来,听众会更容易接受新观点。

2. 创造好奇

让听众的注意力能够跟随你的节奏,并且理解你的演讲内容。演讲要点尽量控制在 3~4 个,一定不要多。

3. 利用重复来强化复杂的观点

重复能够帮助那些一开始没有理解观点的人进行理解,并强化记忆。

02 说服型演讲

说服型演讲的目的是影响听众的信念和态度。

在现实生活中,我们几乎每天都会遇到大量的广告植入,我们不仅仅是说服性信息的接收者,同时也经常要用到说服型演讲。比如,跟老板沟通升职加薪的问题,购买商品时讨价还价,这些都是一次微小级别的说服型演讲。

再如,要进行一次推广路演,影响客户购买的因素到底是价格、性能、舒适度,还是制造商的品牌号召力,又或者是其他的独特属性?可能每一个因素都对消费者的行为有影响,要说服消费者下定决心购买,就要找到消费者做决策时关心的事项的心理排序。

这里提供一个思维模板。

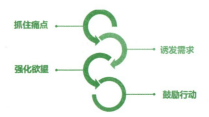

第一步，抓住痛点，针对不同的对象选择不同的切入点。

第二步，诱发需求，提供一个超值的方案。

第三步，强化欲望，让消费者看到好处，或者是让消费者看到不采取你的建议将会产生的后果。

第四步，鼓励行动。

03 礼仪型演讲

礼仪型演讲在职场中的应用也很多，比如，日常商务接待、年终总结、表彰大会等。这种情况下，演讲者主要是向听众传递企业文化，强调使命，强调愿景，让员工产生归属感，提高员工的忠诚度。

这里提供一个通用思维模板，其中涉及人物、事件、结果三要素。

第 17 章　简单三步设计出老板和同事都爱听的演讲内容

以欢迎演讲为例,需要介绍人物、说明事件、强调结果,如表17-2所示。

表17-2　欢迎演讲

内容	举例说明
介绍人物	介绍到任者或到访者的背景、资历、成就
说明事件	说明到任者即将担任的职位;说明到访者即将参访的行程
强调结果	因为他的到任或到访为我们公司带来的利益

除了欢迎仪式还有欢送仪式,有人要退休了,有人要晋升了,有人要离职了,有人要被外派了,这个时候依然是围绕人、事、果三要素进行演讲。一是要强调这个人的价值,突出他的贡献,以及回忆共事的时候有哪些令人印象深刻的共同经历,增加大家对他的认同感;二是说明事件,要向一位同仁道别,他的理念还会继续影响与鼓励剩下的人;三是强调结果,感谢他,并祝福他能拥有更加美好的人生和更加成功的事业。

📋 案例 ▼

> 作为讲师,你受邀到某公司做培训,此时如何做一个介绍性的演讲呢?依然是围绕人物、事件、结果三要素。
>
> 人物:介绍你的背景资历,说明你为什么是这个培训的合适人选。
>
> 事件:介绍你的演讲主题,让听众了解自己将在演讲中听到什么。
>
> 结果:说明这个主题对于听众的重要性,提高听众的兴趣。
>
> 通常在被欢迎的时候,你还要接着发表一个简短的答谢演讲。

对于周年庆或者是特定仪式的庆贺典礼上的演讲,其主要功能是带领大家继续向前,激发团队成员的集体荣誉感和归属感,强化团队成员对团队的认同感。这种庆典致辞演讲的模板也包括三部分内容:一是欢庆祝贺,二是强化共识,三是展望未来,强调这个胜利是阶段性的,后面还要面对更大的挑战,因此,确定下个阶段的目标也是庆贺演讲的主要话题之一。

演讲中的互动和沟通

职场中经常会组织小组讨论或者座谈，这种情况不同于单向的演讲，它还多了互动与沟通的成分。

在这种讨论和座谈当中，你既是听众也是演讲者。做一个合格的听众也非常重要，要认真聆听别人发言当中的观点，找出自己讨论的方向，不要做重复的或者是没有联系的评论。

此外，还要注意在讨论和座谈的过程中，整个团队中的成员的身份构成是怎样的，并据此去定位自己应该承担的角色。如果你是这个座谈讨论的组织者，那么当出现跑题争论、观点对立等情况时，你要及时进行引导，而不是按照流程一步步进行完，你有更多的机会去补充，所以充分思考更重要。

有一个思路可以借鉴，就是常见的议论文的三段法：提出问题，分析问题，解决问题。

接下来以每个公司都会遇到的年终评奖、领奖致辞为例进行讲解。

准备致辞分三步：分析场合，找准语言和情绪基调；分析听众，也就是分析老板、部门领导、团队同事、竞争者的心态；选取和嵌入故事，并围绕分析听众得到的结论展开致辞。

01 分析场合

年终总结颁奖典礼的整体气氛是积极向上、团结奋进的，因此演讲内容和风格要契合这个大方向。

02 分析听众

听众是你的老板、部门领导、团队同事和其他部门同事,甚至有可能是你的竞争者。这些人对你的演讲分别有什么样的期待(见表17-3),这是你在策划演讲稿的着力点。

表17-3 分析听众

身份	具体说明
老板	为什么要树立你这个标杆,他想让你起到什么样的示范作用
部门领导	希望你怎样展示团队风采以及他对你的指导与帮助
团队同事	他们对你取得这个成绩有什么贡献,能从你的故事里吸取什么经验
其他部门同事	可能对你不是很熟悉,也不是很清楚你的具体工作状态,可以借这个机会进行一次个人风采展示和部门工作宣传,为以后的工作配合打下更好的基础
竞争者	可能不服气,你要让他们对你的获奖心服口服

一定要牢牢记住,演讲的每一个字都是带着使命的,都有预期功能。

03 选取和嵌入故事

做演讲必须要会讲故事。在分析听众时,已经对不同群体对你演讲的期待做了大概的分析预测,那么接下来的故事选取和嵌入也要围绕这几个方向。比如,介绍经验,介绍自己达成目标的努力过程,介绍这个过程中克服了哪些困难与阻碍。

此外,在领奖致辞时,开头和结尾是有规定流程的。通常情况下,以下五步一定要有。

1. 开头一定是感谢

感谢颁奖人,真诚地感谢那些对你得到这个奖项起到重要作用的人,可以是领导、同事,也可以是家人。

2. 表达一下此刻的心情

如果不是现场揭晓的奖项,则可以表达一下自己得知获奖以来的心路历程。

3. 大概推测一下自己得奖的原因

通常优秀员工都具备几个属性:业绩好、态度积极、踏实肯干、团队意识强。如果是党政机关民主测评,投票产生优秀员工,还要看你的群众基础。在这种情况下得奖的话,还要感谢大家对你的信任,感谢大家给你投票。

4. 分享经验

分享你在过去一年内是怎样投入工作的,特别是你抓住了哪些工作规律、市场规律、客户规律,有哪些经验和感悟,有哪些记忆非常深刻的故事。

5. 再次感谢

可以重复一下近段时间公司的总目标,或者是老板一直反复强调的几句话,引用老板的话来强化你的观点。老板会觉得你有悟性、抓住了工作重点,同事们也更容易理解和接受,而不会产生类似"凭什么要接受你的号召"这样的负面情绪。

当然,你也可以借用你们部门、你们团队的口号,表个忠心、下个决心。在结尾时别忘了说"这个荣誉属于集体,属于大家"等客套话。

职场是个讲稳定性的地方,中规中矩是最安全的。除非你所在单位的企业文化是非常宽容自由、鼓励创新的,否则尽量不要大胆发挥。

总之,最终要达到的效果是让听到你这个演讲的人都满意而归,让他们觉得你得这个奖是实至名归。你的团队同事以你为荣,愿意向你学习;其他部门同事对你认可,会在以后更积极地配合你的工作。

职场演讲的5个注意事项

1. 熟人场合把握语言风格
2. 不要过谦,也不要引起别人的不满
3. 多讲细节
4. 突出自己的人设
5. 宜短不宜长

01 熟人场合把握语言风格

讲到带有行业和专业属性的词汇时,一定要用专业词汇,这是权威性与专业性的体现。时间、名称、产品版本一定要准确。

在举例子、讲故事的时候,尽量选取大家熟知、有代表性的人。可以是地位高的领导,也可以是人人都认识的普通基层员工,还可以是保洁员、保安、内部餐厅工作人员等。他们是最了解一个公司里的员工加班加点、早来晚走的状态的人,而且这些人跟大家没有利益竞争关系,举他们的例子最安全,不会引起不必要的抵触情绪。

02 不要过于自谦,也不要引起别人的不满

这点在讲荣誉归因的时候必须要注意,过于自谦会显得不够真诚。比方说,"我觉得我不够资格拿这个奖,其他人更优秀。"主办方听了这句话一定会不高兴,他们会想:"你这是说我们的评选机制有问题吗?"其他人也不会高兴,会觉得你"得了便宜还卖乖"。

其实可以换一下说法，可以说："得到奖项很荣幸，我知道我做得还不够多、不够好，但是你们看到了我的努力，给了我一个这么大的认可，你们如此厚爱我，我很感激，今后我会努力向这个标准靠近。"

03 多讲细节

说到紧张、激动的心情时可以说："我现在的手还是抖的，我的心现在还在怦怦跳。"这些真实的情感流露，会让听众更容易接纳你的紧张和局促，对你的"容错率"会大幅提高。

说到个人努力和团队合作时，可以列一些数字，讲讲大家为了一个目标、一个产品开了多少次会，推翻了多少次方案，加了多少次班，熬了多少个通宵，多少次带病坚持工作……这些都是非常真实的、容易引起共鸣的细节。

04 突出自己的人设

职场演讲是一个展示自身综合素养、思考能力、表达能力的绝佳时机，一定要珍惜和重视。

服装要选择能代表你专业形象的，有统一制服和工装的，一定要穿上。觉得制服、工装单调或者不够隆重的话，也可以加一些简单的配饰提升一下气场。自选服装要正式，但不需要太隆重。头发和指甲一定好好整理，这是精神状态的重要体现。

语言和仪态要符合自己的岗位层级。基层员工不要搞出大老板的派头，中层领导、部门领导要表现出应有的魅力和风度气质。

05 宜短不宜长

如果不是整个场域最高级别的领导，演讲时切记要把最大的舞台和最多的时间留给你的上级。讲几个收获、几个体会，点到为止就可以了，不要长篇大论，引发听众烦躁情绪，要把更多的时间留给领导，让领导来压轴。

我们从小被教育谦虚是一种美德，但职场是一个讲竞争、讲结果的地方，既要合理地维护自己的劳动成果，又要洞察同事之间微妙的竞争心态。不要过于谦虚，也不必妄自菲薄。重大场合多讲细节，多打造自己的人设。

常见的职场演讲包括＿＿＿、＿＿＿、＿＿＿三种。

要点提示

——————————重要观点——————————

（1）对内沟通轻易不要火力全开，必须根据所在团体的特性做决定。在一对一直面"大 Boss"的时候，再火力全开。

（2）告知型演讲要将信息设计成便于听众理解和记忆的形式，有三个技巧：新旧观点结合、制造好奇、用重复来解释复杂的观点。

（3）演讲举例时，注意选择无竞争、无利害关系的案例，以避免听众出现抵触情绪。

（4）演讲切忌长篇大论，点到为止即可。

高频问题答疑

（1）职场中说服领导好难啊，尤其是对老板提加薪时，有没有什么好的建议呢？

（2）演讲中不知道讲什么故事，这时该怎么抓住听众的注意力呢？

> **答案▼**
>
> （1）第一，找到领导最关心的问题，对症下药；第二，抓住领导的痛点，如绩效、业绩；第三，让领导看到实实在在的好处，如加薪500元，创收50000元。
>
> （2）第一，介绍经验，你是怎样投入工作的；第二，介绍感悟，你有什么心得，收获了什么；第三，介绍工作中的困难，例子越细越好，并且要讲得到的帮助。

课后作业

你被评选为公司年度优秀员工，请你做一下领奖致辞。

第18章
搞定五个职场演讲场景的五大方法

会议发言

会议发言的错误认知
- 认为实干比耍嘴皮子重要
- 只管听，不想说
- 害怕说错，干脆不说

会议发言的秘诀
- 先说结论
- 用适合对方理解的方式说话
- 给出全部发言的流程予以告
- 重要的事情要重复
- 强调这只是个人意见

会议发言中的存在感
- 会前尽量多了解一点信息
- 通过评论和提问对会议做出贡献
- 稳定情绪，应对反驳
- 多看新闻节目，跟上会议节奏

五种职场沟通场景及应对方案

 年会活动　 述职报告

 竞聘演讲　 年终总结　 获奖感言

开会时的互动技巧

 眼神交流　肢体语言　 发言中的提醒

会议发言

会议可以说是每一个职场人都熟悉的工作场景，不论是什么工种、什么岗位，都一定逃不过开会。

很多人提到开会就头疼，让他们在会议上发言，他们更是能推就推。实际上，会议发言非常重要，除了那些仪式感很强的表彰会和选举投票会，几乎每一个会议都要靠参会人员的发言来推进流程。

而且，每一个老板都非常重视开会，他们要借用开会的时机，统一思想步调，布置任务，收集创意，引导企业价值观。可以说，会议发言是老板考察员工工作能力的重要时机。

会议发言的错误认知

对于开会，很多职场人不屑一顾甚至万分抵触。之所以会如此，主要有三方面的原因。

01 认为实干比耍嘴皮子重要

很多人的内心对开会这件事是很抵触的,尤其是那些需要长时间听报告的会。特别是在你工作节奏非常紧张,各项工作积压在一起的时候,还要开各种会,这时的会议真的太侵占工作时间了,很多人恨不得"逃会"。就算逃不掉,内心也希望会议快点结束。在这些人看来,实干比耍嘴皮子重要。

02 只管听,不想说

还有的人对待开会是只管听,不想说。因为大家会觉得会议场合的气氛是偏严肃的,坐在自己面前的不是领导就是同事。领导的身份意味着他在审视你,同事的身份意味着他可能是你的潜在竞争者,在这两种人面前讲话,本身就有压力。

但站在领导的角度,在他特别渴望得到回应和反馈的时候,而你却选择沉默,他直觉上会认为你没有能力,没有带着脑子在工作。那么领导可能就不会把一些更重要的机会,包括升职的机会留给你了。

下一次当你再被领导点名发表意见的时候,就算真的没有意见、没有思考,也请你快速构思。用即兴演讲的技巧,先说说别人的观点给你的启发,然后马上给出一两个观点,或者是提出一个和议题相关的具体问题,千万不要用"没意见""没想法""我还没有考虑好"这样的话搪塞领导。

如果你的公司内部竞争很残酷,你担心公开表达可能会导致自己的创意被人恶意"借鉴",那么可以简单地向领导概述一下创意方向,然后跟领导解释不想多占用公共时间,约领导进行专案汇报。这样领导会觉得,你不但思考了,还考虑到了整场会议的流程,很有大局观。

03 害怕说错，干脆不说

对于这类心态，要做的事情就是，在脑海里彻底抛开对"正确"意见的执念。

（1）只要是安排了讨论，让大家集中发表意见、说心得体会，就没有所谓的正确与错误的标准，大家就是来进行头脑风暴、彼此启发的。讨论就是交换意见，能发表意见就是成功参与了。

（2）没有哪个答案是永远正确的，甚至当时大家认为的正确意见，也很可能在事后被证明是错误的。

你需要做的，就是尽好自己的本分，明确地表达自己的想法，建设性地评论对方的意见，愉快地交换看法。

意见正不正确不重要，有没有价值才重要。除此之外，还有一个参考标准是，有没有说服力。意见有没有说服力的关键在于，你的观点是不是有确实的根据。在职场中，这个根据是通过自己在工作中的观察和实践得出的结论。

实际上，关于表达意见这件事情，我们每天都在做。只不过日常生活中经常把表达意见的环节给忽略了，到了会议上却又把它给神圣化了，吓得自己不敢开口。

案例1 ▼

> 中午你和同事准备搭伴去吃午餐。
> 对方说："我今天想吃蔬菜面。"
> 你说："我想吃猪排饭。"
> 对方接着说："今天想吃点清淡的，控制一下体重。"
> 你说："下午还有很多事情要做，需要吃点肉，来保持体能。"

这段对话就是在发表意见。如果你选择不表达意见，就等于放弃了自己的权益，导致自己这一餐吃得不开心，对方也会感到费解："唉，我提议吃蔬菜面的时候你没反对，为什么现在又抱怨呢？"

一个不明确表达自己想法的人，在生活中都能造成误会，更别说在严肃的工作中了。

怎样练习发表意见呢？有一个方法比较实用，就是学会评论。每当看到那些让你觉得很感慨的文章、观点、新闻事件时，都可以发表意见。比如，你转发了一篇公众号文章，可以说说这篇文章哪里触动了你，你看到这篇文章的第一个反应是什么。接下来请再问自己几个问题：我为什么会产生这样的情绪，我为什么想转发它，我希望其他人看到这篇文章之后能得到什么。回答好这三个问题，你就完成了一个完整的、有理有据地表达意见的思维闭环了。

案例2

前段时间我看到一则新闻，一位抑郁症患者因为处理不好跟丈夫和婆婆的关系，再加上自己的身体非常疲惫，最后情绪失控，带着两个孩子跳楼了。新闻最后还附上了这位年轻妈妈的遗书。

看到新闻的那一刻，我真的痛入骨髓。坦白讲，这位妈妈经历过的那种异常疲惫、无助、痛苦无力的生活，我也经历过。

对于新手妈妈来说，生孩子不仅是人生的重大变化，身体也在发生巨大变化。但家庭成员却觉得添丁进口是件喜事，更是自然规律，一代代人都这么过来了，你凭什么矫情？这无疑加剧了新手妈妈的压力。

> 希望每一个家庭都能给新手妈妈足够的支持,给她们足够的理解和爱护。不希望这样的悲剧重演,这就是我转发这则新闻时的想法。

在会议上表达意见时有以下五个要点需要注意。

第一,放弃对"正确"的追求,世界上不存在完全正确或完全错误的意见。

第二,人也好,意见也罢,正是因为有了不同,所以这个世界才更加精彩。

第三,会议讨论不是大家一起保持沉默,而是每个人都提供自己角度的思考。

第四,会议讨论不是吵架,也不是强迫别人去认同自己的观点,所以不必有负担。

第五,通过平日的不断练习,掌握有理有据地表达意见的方法。

会议发言的秘诀

大多数人的习惯是站在自己的角度去表达,如果留心听大家的发言,会发现很多人习惯用"我想""我认为""我觉得"这样的字眼做开场。也就是说,更多的人在聚焦更好的自我表达时,还停留在自己"说没说清"的阶段。然而,评价一个发言是否达到效果的正确标准是"别人听没听懂"。

就像网上很多人都在吐槽的陪孩子写作业这件事,很多家长给孩子辅导作业时都气到血压升高,然而孩子还是没听懂。其实孩子也很委屈:"爸爸

妈妈为什么这么生气？我只是说了另一种解题思路呀。"

这类事件提醒我们，在描述一个场景、一个事件，或者表达自己的感受和观点时，最重要的是让别人听懂，并且跟你同步，然后他们才会接受你更进一步的观点。换句话说，首先他得听懂你所说的，其次是理解你，再次是跟你有共鸣，最后才是接受你的观点和意见。

举个简单的例子，大家就能够理解为什么要站在对方的角度发表意见和观点了。比如，你请朋友去吃饭，正确的待客之道是怎样的呢？应该先问客人想吃什么，然后帮他点他喜欢的菜品，不能全点自己爱吃的。如果对方是第一次来这个餐厅，完全不熟悉，也没有什么特别的要求，这时候你可以向他推荐这个餐厅招牌的、有特色的菜品，由你来带动他一起享受美味。沟通之道同样如此。

现在介绍沟通的具体步骤——五个要点打造完美意见表达法。

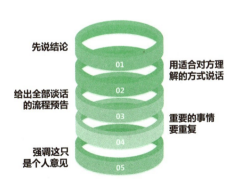

01 先说结论

先说结论，再说根据，最后补充一些你认为需要说明的背景细节。

建议在这个部分使用倒金字塔结构。说细节的时候，把重要程度高的事情排在前面，重要程度比较低的细节放在后面说。

02 用适合对方理解的方式说话

尽量考虑到对方的年龄和职业背景，选择对方比较熟悉的概念和话题。

03 给出全部谈话的流程预告

要告诉对方，对话需要持续多久，把掌控感交给对方。

04 重要的事情要重复

"重要的事情说三遍"，这就是重复的力量。

但是在重复的时候要注意一个细节，不要说"这个地方刚才我说过了，现在我再说一遍"，这会给人感觉有点居高临下，好像在暗示对方"你是不是没有认真听？"建议直接说"这个部分比较重要，请允许我再重复一次"，或者说"您刚提的这个问题非常重要，我再重复一次答案"。

05 强调这只是个人意见

很多人习惯用"请大家多批评指正"之类的话，这样说的本意是想表达谦虚的态度，但是对于真的想提供反馈意见的人来说，这类话语会加重他的顾虑，因为这类话语已经把他的意见定位成批评和指正了。

其实可以换个说法:"这只是我的个人意见,希望得到大家的帮助和启发。"用一种邀约和求助的口吻发出请求,更容易获得正面反馈。

会议发言中的存在感

会议发言中还有一个重点,就是训练提问能力和评论能力,以提高存在感。

在会议发言中,比较理想的树立口碑的方法是,通过自己的提问和评论,提升会议讨论的层次,解决实际问题,扩散个人在团体中的话语权和影响力。要做到这一点,就必须调整自己参加会议的心态,对于自己在会议中应该扮演的角色有所认知。

由于对会议的逃避和恐惧,很多人在参加会议时经常会表现出旁观者心态和拖延心态,如表18-1所示。

表18-1 参会心态

心态	具体表现
旁观者心态	反正人准时来了,有兴趣就听一听,没兴趣就走神,真的被问到有什么意见时就说没意见,顶多记记笔记、鼓鼓掌,心安理得地做一个旁观者
拖延心态	一直在纠结要不要发言,等大部分人都讲完了才发现,原来自己想讲的内容全都被别人讲完了,这个时候就很沮丧

开会是为了交流意见,目标是促进讨论主题的推进。为了对会议有所贡献,每个人都要尽力思考,找一个自己能够承担的角色来提升自己的存在感。那么应该如何找到这个角色呢?

01 会前尽量多了解一点信息

每次开会前大家肯定都会接到通知,会议通知上就有很多细节,如什么部门的人会参会，什么级别的领导会参会，这样你就能大致判断出会议的层级和主题方向了。

1. 例会

如果是一周一次、一月一次的例会，主题基本固定，或者有固定的参会人员，这时就主要汇报工作动态和进展。

2. 临时召集的会议

如果是临时召集的会议，抓住会议的主题和要点的方法如下。

（1）仔细聆听发言。

（2）做好笔记。记录每个人发言的关键词，为自己的评论和提问找到切入点。

02 通过评论和提问对会议做出贡献

如何通过自己的评论和提问增加对会议的贡献呢？下面介绍五个方法。

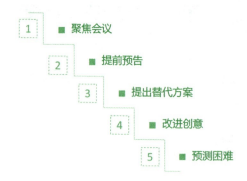

1. 聚焦会议

绝对不做与会议主题无关的评论跟提问，不要失去焦点。

2. 提前预告

在评论和提问之前,一定要预告自己接下来要回应哪一个人的哪一个观点。

3. 提出替代方案

只有反对,却没有替代方案,没有给建议,就不是有诚意的反馈,会让别人以为你的反驳只是一种情绪表达,不是深思熟虑的结果。

4. 改进创意

不要做完全的否定,而是尽可能在同样的前提之下,找到改进的创意。比如缩小范围、缩短时间、变化形式和内容,一个小的改变,就可以产生非常多新的创意。

5. 预测困难

问一下大家,如果实际执行方案,可能会有什么困难。尤其是针对实际执行过程中可能发生的意外情况,是不是要提前准备应急预案。

03 稳定情绪,应对反驳

如果你在会议中积极表达了意见,但是遭到了反驳,此时该怎么处理呢?

首先,一定要做好心理建设,对自己保持信心。

其次,把别人的反驳当成一种提问来正面回答,越是不接受对方的反驳,就越是要认真倾听对方的逻辑和理论依据,给出自己的解释。

最后,即使遭到很强烈的反驳,也不要跟着对方一起进入情绪失控的状态。谁能情绪稳定地应对与表达,谁就是胜利者。

04 多看新闻节目,跟上会议节奏

如何跟上会议的讨论节奏呢?一个训练方法就是多看新闻节目。

新闻节目信息量大，文字结构比较规整和严谨，做拆解的时候，比较容易抓住重点。具体的训练方法是，看新闻时，主播每播报一条新闻，就问自己这条新闻的结论是什么，它最想传达的信息是什么。经过多次练习，就能很快识别对方发言的结论，也可以快速提炼出对方发言的精华了。

五种职场沟通场景及应对方案

01　年会活动

年会是重要的展示个人才艺的机会。那些看似与主业务无关的活动，恰恰是打造个人影响力的重要舞台。年会是名正言顺的跨部门、跨层级沟通的机会。

02　述职报告

述职报告要展现优秀、实干、靠谱、无野心的形象。

很多人在述职时喜欢罗列成果，但其实无论是领导还是普通同事，都有这样一个心理倾向，那就是"不只看结果，过程更重要；不只看成绩，态度更重要；不只看个人，团队更重要"。

03　年终总结

一年一度的总结怎样出新彩呢？

做了什么不重要，重要的是在"公司大事件"中的贡献；做了多少不重要，重要的是有多少亮点和突破；实现了多少目标、如何实现的很重要，总结规律更重要。

04 获奖感言

获奖感言的开头与结尾是有规定流程的。通常包括开头感谢，表达此刻的心情，推测得奖的原因，分享经验感悟，结尾时再次感谢并展望未来这五个固定步骤。

05 竞聘演讲

竞聘演讲和其他阶段性总结不同，它承担着两个重要的任务。一是证明，证明自己的各项能力和竞聘的目标岗位的需求相匹配。二是择优，通过横向对比和优势组合，突显自己更适合这个岗位。

一场完整的竞聘演讲至少要包含四个方面的内容：你过往的工作业绩，以及你为什么要参加竞聘；你对竞聘岗位的理解，竞聘岗位所需要的能力你是否具备；你和其他竞聘候选人相比有什么优势；如果竞聘成功，你将重点推进哪些工作。

这里给出一个参考流程：开门见山地说明竞聘原因；汇报过往工作经历和主要业绩；对竞聘岗位的理解与思考；对竞聘岗位的工作设想和规划；简单表决心。

开会时的互动技能

这里要向大家介绍一些开会时比较实用的互动技能。

01 眼神交流

就算你不懂得该怎么表达意见，至少可以用眼神跟大家建立连接。争取跟现场的每一个人都有视线交流，并确保你所在的地方能够看清所有的参会成员。

如果会议参加者超过了30个人，你没有办法跟每个人进行视线交流，那么可以选六个你熟悉的、看起来比较友善的人，然后一直与他们保持眼神的交流。

02 肢体语言

除了视线之外，也不要忽视手势的重要性。尤其是当你要站起来说话的时候，一定要注意，不要刻意收缩身体，也不要两只手肘紧紧地夹着身体。这样的姿势给人感觉没有分量，紧张拘谨，这会暗示别人，你的内容不太值得关注，你对自己的观点不够有信心。手肘要打开，才能够给别人一种一切尽在掌控的感觉。

03 发言中的提醒

你在发言或主持会议时，可能有的人在底下不配合，比如走神、玩手机，或者聊天。那么应该怎么做才能既提醒这些人，又不影响其他人呢？

1. 靠近他，暗示他

如果会议场所允许人自由移动，就走到不配合的人身边，慢慢地靠近他，用这种方式暗示他。

2. 停顿或提问

可以做一个停顿或者提一个问题。突然面对安静的时候，很多人会本能地不敢在底下再说话了。

3. 直接互动

看谁在底下聊得最开心，就提一个问题，点名叫这个人起来回答。

总结

会议是用来传达你的思想，和与会人员相互交流的，要明确目的，有效控场，内容真实。以上几种互动技能可以帮助你提升听众的注意力，让你的演讲更有效果，赢得大家的认可。

小测试

（1）临时召集的会议，如何抓住要点？

❶

❷

（2）开会时的互动技能包括＿＿＿、＿＿＿、＿＿＿。

要点提示

———— 重要观点 ————

（1）在会议中发言时要明确表达自己的思考，建设性地评论对方的意见，愉快地交换彼此的看法。

（2）会议讨论不是大家一起保持沉默，而是要尽量做出自己的贡献。

（3）五个表达意见的秘诀：一是先说结论；二是用对方容易理解的方式说话；三是给出全部流程，预告接下来要谈的事情；四是重复重要的事情；五是强调这只是个人意见。

（4）开会是为了交流意见，目标是促进主题的推进。为了对会议有所贡献，每个人都要尽力思考，找一个自己能够承担的角色，来提升自己的存在感。

高频问题答疑

（1）如何用五句话进行一个完整的、有理有据的、有观点、有感受的描述，比如向别人推荐一部电影。

（2）会议发言时，遭遇冷场该怎么活跃气氛？

答案▼

（1）第一，先用一句话来说明你在什么时候看了一部电影；第二，简单地描述一下这部电影给你带来了什么样的感受；第三，做一个剧情简介；第四，选择一个自己印象深刻的细节重点阐述；第五，说明一下这个细节令你印象深刻的原因。

（2）第一，面带微笑，用肢体语言鼓励大家发言；第二，抛砖引玉，帮助大家发散思维，为大家提供思路；第三，实在没人发言的话，可以挑选听讲认真的人，点名提问。

课后作业

假设你是公司会议的主持人，接下来由你做个简短总结，并请领导做最后致辞，请设计一下这段串场发言。

第19章
五招让你从容应对突发情况

保持好状态，
忘词也敢说
- 保护好身体
- 服装和化妆
- 忘词也别慌

面对听众，
机智和诚实共存
- 听众不友善的提问，要不要回答？
- 面对听众的公然挑战，如何回应？
- 听众迟到，要不要推迟开始？
- 现场人数变化太大怎么办？

设备突然宕机，
你更得撑起场面

出场顺序改变，
尽全力配合

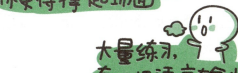

大量练习，
真正把语言输出

我专注于演讲和口语表达 20 年,经历过很多意外状况。下面我就分门别类地说一说这些容易出现的意外状况,并告诉大家如何应对以及如何避免这些状况。

保持好状态,忘词也敢说

01 保护好身体

大部分演讲是可以提前预知的,建议大家保养好自己的身体,特别是在演讲中要发挥重要作用的嗓子和声带。

因为演讲带来的心理压力很容易让人上火,很多人一上火就口舌生疮、喉咙肿痛,这都会加剧演讲时发声的痛苦和焦虑感。有的小伙伴熬夜准备演讲稿,导致抵抗力下降,感冒、发烧、鼻塞就都跟着来了。越是日程紧张、压力大的时候,越要注意保护好自己,用良好的身心状态去迎战。

以国家级的高规格标准去筹备的演讲都可能会出错,我们作为普通人,更要对自己过去的演讲意外状况释怀。

02 服装和化妆

2010年,我参加中国播音主持最高奖项——金话筒奖的颁奖典礼,为了迎接这个人生中重要的高光时刻,我提早一个月准备了领奖晚会的"战袍"——一件单肩礼服。结果将服装拿到现场给导演看的时候,导演发现我的礼服款式和颁奖晚会主持人——北京卫视当家花旦春妮——的礼服款式撞衫了,我的服装直接被导演毙掉了。幸好我当时还带了一套小黑裙,虽然没什么特色,但也算不出错,就临时用这件小黑裙顶上了。

为了保持最好的形象状态,还需要准备很多。比如,女生夏天穿的丝袜,一定要多准备一双,因为可能坐车的时候一个小勾丝,一双袜子就废了,必须要有后备。

西装也要多备一套,你不知道会不会有哪个粗心的服务员一不小心把汤和咖啡撒到你的衣服上。如果没有条件带两套西装,那就要选个好看的可以外穿的内搭,这样一旦西装外套被弄脏,里面的内搭衬衫也能撑得住场面,这样就等于是两套衣服了。

如果是去外地参加论坛演讲,卷发棒一定要带一个。因为现在有些酒店的吹风筒是功率比较小的,如果你的头发属于又细又软又毛躁的爆炸类型,那卷发棒可以让你快速地整理好形象。

创可贴也是必备品,它能在你的脚被高跟鞋折磨得疼痛难忍时救你于水火。

此外,很多人一起排队化妆的时候,别第一个化。

电视台的化妆团队很多是外包给化妆学校或化妆工作室,大型晚会需要化妆的人很多,难免有一些新手是被拉来凑数的。他们特别积极地想找人练手,这个时候不要不好意思拒绝,可以婉转地表明自己还有时间,让别人先化。这时你可以在后台四处走走看看,观察谁的化妆技术和造型风格是自己比较喜欢的，就去那个化妆师那里排队。

一旦对妆效不满意，就会很影响心情，如果卸妆重化，又会得罪化妆师。解决问题的最好方法是避免问题的发生，所以一定要在坐下来之前，找个靠谱的化妆师。

03 忘词也别慌

上台忘词，大脑突然一片空白，几乎是每一个演讲者都会遇到的情况。有的人会把忘词当成致命打击，一旦忘词就整个人愣在台上，无法继续演讲，有的人则把忘词这件事掩饰得天衣无缝。

我们要向第二种人学习，因为忘词从来不是致命伤。如果把忘词当成致命伤，那么在演讲这条路上，你将无法预测自己还要被致命地伤害多少次。

其实，你忘记的只是那个你原先设定好的表达内容，演讲里的故事、活动主题以及你因何而来，这些细节你肯定不会全都忘记。所以，忘词时按照你当时的理解，重新把这些内容组合一下并讲出来就可以了。

要放下对手中演讲稿的执念，其实它只是一个参考，一个底稿，你可以全文背诵，也可以它为基础现场发挥。这就像你看完一部电影，想给朋友剧透，尽管你无法记住电影中的全部对白，但是这并不影响你复述电影的剧情，因为你记得那种内心被故事占据的感受。

有一个很有趣的现象，有时候我把演讲稿背得滚瓜烂熟，但演讲效果却平平。反而是我偶尔忘词的时候，会在现场拼命地去想我接下来要怎样讲才会更精彩。我会找机会跟听众互动，在这个过程中去回忆忘记的词，然后衔接上之前准备的内容。结果我发现，忘词的那些演讲中，我的表现反而更加精彩。因为在那一刻，"求生欲"会激发我所有的斗志，让我呈现出非常精彩的表现。

案例1

> 美国前总统奥巴马的演讲动人心弦,演讲也是奥巴马登上总统宝座的重要助力之一。纪录片《奥巴马:白宫之路》讲述了奥巴马如何一路通过竞选走上了总统这个位置。
>
> 在竞选演说之前,奥巴马也特别紧张,拿着稿子在后台来回踱步。他的神情非常凝重,看起来跟普通人没有两样。
>
> 但当他站在台上面对众人的高呼时,即使忘了词,他也会表现出来:我忘了词,我很紧张,我不可信赖吗?完全没有。
>
> 他站在那里就有一种力量,让人觉得选他就是为美国选择了一个全新的未来。

不要被忘词所打败,因为忘词是不可避免的。忘词之后要做的是:

(1)尽量排除忘词对自己的心理打击;

(2)重点考虑该怎么样自救。

除非有人提前拿到你的演讲稿,不然没人知道你忘了词。演讲稿的最终认定标准,是你实际传达的内容。从这个角度来说,无所谓"忘与不忘"。

所以,真正打败你的是"放弃抵抗"。求生意志强大的人,忘词也能很出彩。

面对听众，机智和诚实共存

01 听众不友善的提问，要不要回答？

首先要判断这个问题是超出了你的能力范围，还是只要给你一些时间准备，你就可以找到答案。下面介绍两个实用的小方法。

1. 引入讨论和现场调查

先了解一下这个问题的迫切性和普遍性怎么样。

对于超出自己能力范围的问题，可以马上做一个现场调查，询问同类的困惑谁还有，大家都是怎么处理的，看看能否得到启发。

如果很多人都有类似疑问，那么一定要回答。如果同类问题很少，就以"不占用公共时间"为由，告诉对方台下解决，不建议闪躲。

如果确实难以回答，就坦白承认"这个问题我需要认真思考一下，稍后我们再探讨"，然后将演讲拉回正题。

2. 反问几个问题，争取思考时间

可以这样说："从你的问题当中我能感受到一点点怀疑和否定的情绪，我想知道我的这个感觉对不对。是因为你过去的一些经历，或者你看到的一些现象，让你对这个观点产生了疑问吗？我们的听众中有没有朋友愿意就这个问题发表一下自己的看法？"也可以说："你还有其他问题吗？我们搜集完毕后集中回答。"

02 面对听众的公然挑战，如何回应？

由于观点、立场和出发点不同，有时候在演讲现场会遇到有人鼓倒掌或起哄的情况。

面对这种情况，如果针锋相对地争吵或辩论，你将会陷入对抗听众的"怪圈"之中，很难化解眼前的尴尬局面。正确的做法是，平复心情，以诚恳的态度，用带一点幽默和自我嘲讽的语言来化解这突如其来的尴尬。

案例2▼

> 美国前总统里根在任期内曾访问加拿大，在加拿大总理的陪同下，里根来到广场发表演说。
>
> 正当里根精神振奋地演讲时，一个人在台下高喊让他停下来。接着涌现出一群喊反美口号的人，这些人明显地表现出了反美情绪。
>
> 加拿大总理对这种无礼的举动感到非常窘迫。
>
> 这个时候，里根面带笑容地对加拿大总理说："这种情况在美国是经常发生的，我想这些人一定是特意从美国来到加拿大的，可能他们想使我有一种宾至如归的感觉。"里根这句幽默的话一说出口，场面反而平静下来了，演说顺利进行。

03 听众迟到，要不要准时开始？

对于这个问题，我首先会问一下主办方的意见，看主办方要不要等。

如果主办方把决定权交给我，我想，准时到场的听众是友善听众，要优先保证他们的权利；不守时的听众，他们也有权利做他们认为更重要、更有价值的事情。如果迟到的听众觉得我的内容有用，可以选择以后再弥补，我要优先为守时的听众服务。

准时是应该被奖励的，迟到不需要被迁就。

04 现场人数变化太大怎么办？

可能原定的听众是30人，实际来了100人，又或者原定的是100人，结果变成了 30 人。这个时候，首先要调整心态，然后找到这个活动成功的最重要的评价体系，是人多更重要，还是气氛更重要。再看看自己的演讲环节设计和互动形式受不受人数的影响，若受影响，则要考虑还能不能挽救。

案例3 ▼

> 我曾经做过一次校园的现场活动，可能是宣传海报被覆盖了，到了活动开始的时间，能容纳 300 人的场地只来了不到 100 人。我们当天还准备了丰富的赞助礼品，赞助商代表也来了，特别尴尬。于是我马上联络校广播站，临时广播召集，并派人到学校路口发传单，拉人入场。最后延迟了 3 个小时开始，好在最终凑齐了 300 人，现场互动气氛也特别好。

当然，不论在什么样的场合、有多少听众参与，哪怕只有一个听众，你都要尽全力去做好演讲。

设备突然宕机，你更得撑起场面

现场高发意外状况就是设备问题，一定要提前一天做设备的调试，看看电源的插头线够不够长，接口是不是吻合等。

案例4 ▼

> 有一次我在南昌陆军学院主持毕业晚会，一位健美操选手上场并摆好姿势，结果音乐刚放几秒钟就停电了。剧务老师告诉我们发电机正在维修，我就引导大家玩鼓掌游戏。大概 5 分钟后来电了，健美操选手接上刚才的节目继续表演，结果才演了不到 1 分钟，又停电了，全场哄堂大笑。

> 于是我又组织现场大合唱,看看唱几首歌才能恢复供电。然后大家越唱越起劲,直到发电机恢复供电。我还开玩笑地给那个已经摆了三次造型的健美操选手取了一个外号——"电灯杀手"。

应对突发事件最重要的一点是,把意外事件变成对自己演讲有利的事情。

案例5 ▾

> 还有一次,我去给一家公司做培训,然而我的电脑突然连接不上Wi-Fi了,邀请单位给的密码怎么都连不上。幸好苹果设备有隔空投送的功能,紧急关头,我把PPT和文字稿发给了秘书小姐。
>
> 此外,他们也没有给我安排可以摆电脑的小台子,我只能回头看投影仪。那个场地不大,是可容纳60人的小场地,大家距离很近,如果频繁地扭头看屏幕,在视觉上是很难看的。于是我就把自己的电脑放在了侧面的地板上,这样我就可以用余光瞄到PPT进度,从而把控时间。

那么,如何避免电脑出现问题带来的意外情况呢?有以下几个方法。

(1)尽量用自己熟悉的电脑。

(2)用邮箱保存草稿,再把草稿放在U盘里,双重保险。

(3)确保系统兼容。

出场顺序改变,尽全力配合

主办方策划一场大型活动,需要协调方方面面的人员,场面越大,变数也就越多。演讲的出场顺序被调整就是现场最常出现的意外之一。

案例6▼

> 有一次我参加一个论坛演讲,原定的一位演讲嘉宾因航班延误赶不到现场了,我被临时叫上去顶替,等于我的出场时间整整提前了一天。而我一贯的主张就是尽最大的努力配合主办方,所以连午饭都没来得及吃,就马上紧急加班做好了全新的PPT,顺利完成了那次论坛演讲。

无论你认为自己做了多么充分的准备,也要把所有的意外状况考虑进去,然后以非常稳定的心态去面对你上场后发生的一切状况,尽最大努力去避免不可控的因素对你的影响和干扰。

大量练习,真正把语言输出

如果语言能力是靠在脑子里构思就能练出高水准,那就等同于服装设计师不需要裁剪和拼接,就能把布料做成一件衣服。

构思再好的内容,如果仅仅停留在文字稿阶段,只是默读默背或者喃喃自语,而没有真正用到在台上讲述时的音量、动作、表情,那么到了台上势必会发现理想和现实的巨大差距。这个差距足以让你失控,甚至是失态。

把准备好的思路、素材用实际上场的语言输出一遍的过程,跟服装设计师裁剪布料是一类工序。把文字素材和脑海里的创意变成真实可见的、可以评价的、可以对比的语言素材,这样才能获得真实的掌控感,才能知道自己哪里的设想过于理想化,不符合自己的说话习惯。这个检验的过程也是语言风格和自身个性相互融合的过程。

一场好的演讲，能体现一个人的基本功，更能体现一个人面对突发状况时的冷静、机智和气度。而事前的大量练习，绝对是正式上场后成功演讲的关键所在。

总结

每一位演讲大师都经历过很多意外状况，这再正常不过了。只有经历了，才会变得有经验，不是吗？

如果热爱演讲的你正在经历一些意外状况，千万不要气馁，不要否定自己。这些状况对你来说是宝藏，是你变成一位优秀的演讲人的历练。抓住它、总结它，你就会成为更好的自己。

小测试

（1）演讲现场突然有人提了不友善的问题，可以采用的两个小方法是_____和_____。

（2）忘词之后要做的是_____、_____。

（2）_____是演讲能取得成功的关键所在。

要点提示

重要观点

（1）多带一套服饰，包括小物件，比如女士需要的丝袜、卷发棒等，有备无患总是好的。

（2）学会拒绝，尽量不要第一个化妆。

（3）忘词不一定是坏事，某种程度上，这可以激发出你的潜能，让演讲更有生命力和感染力。

（4）听众听到的演讲，最终以你发表出来的为最终版本。

（5）在现场，当有质疑或反对你的声音时，切忌争吵、辩论，需要容纳不同的声音。

（6）无论你的演讲时间被提前还是被延后，以大局为重都是一种气度。

（7）上场前做足练习是一场演讲能成功的关键所在。

高频问题答疑

（1）如果现场有听众不但不同意你的观点，甚至还带有挑衅意味，该怎么办？

（2）"做足练习"要练习到什么程度才算"足"呢？

答案▼

（1）这种情况发生的概率虽然比较小，但真正遇到了也不要慌乱。首先要记住，一个包容的社会不止有一种声音、一个观点，彼此之间相互交流才能碰撞出新的思维火花，所以先不要马上否定听众的看法，因为越反对，他很可能越有情绪，更何况他还带有挑衅意味。

如果实在做不到认可他的观点，就鼓励他提出的新思路。这样暂时打一个圆场后，和他说演讲结束后再详细讨论。

（2）演讲之前的练习，除了要对所讲内容进行训练，还要预设可能发生的所有情况。服装造型、演讲稿、电子设备等都确认好就可以了。

课后作业

你受邀参加一个重要活动的演讲，其间有两名听众因为意见有分歧而吵了起来，这时候正在演讲的你，该如何解决呢？

第20章
精准表达：开口就能说重点

换位思考

整理语言
- 随时随地自言自语
- 去掉语言中的碎词
- 语言要让人一听就懂

输出观点

说到对演讲的快速构思，对于一些性格外向、对业务熟练的人来说，流畅并不是最大的难题，最大的难题是话题滔滔不绝，收不住，而且表达时逻辑不清晰，重点不突出。你讲得很开心，别人却一脸问号："你到底想说什么？"大部人都会面对一个问题——怎样把脑海里的想法"精准"地说出来。

"精准"二字说起来容易，做起来很难。职场中有很多把事做得漂亮，但关键时刻却说话不出彩的人，他们埋头苦干了一个大项目，结题汇报时却没有拎出重要意义，让人低估了他们的贡献；又或者好不容易得到了竞聘上岗的机会，却没展示出自己的真实水平，做了别人的绿叶；抑或是终于约到了大客户，诚心诚意准备了方案，却因表达不精准没能引起客户的兴趣，反而给竞争者做了铺垫……种种"我明明很好，结局却很'悲催'"的时刻，都源于精准表达能力不过关。这一章将从精准表达的换位思考、语言整理以及观点输出三方面着手，助力大家培养精准表达的习惯，最大化地输出自己的思考成果，抓住更多的人生机会！

换位思考

有一句打动我的广告文案是："所有的无话可说，不过是无人可说。"这句吐槽世界很大却知音难求的话，跟精准表达有点类似——我们不是抓不住重点，而是不知道哪一个才是对方想要的重点。有人曾经跟我抱怨，向领导汇报工作，结果自己的想法和方案一再被否，但是同样的想法换个人去汇报，就得到了领导的赏识。是领导刻意刁难吗？我想，在团体利益一致的职场，这种可能性极低，更大的可能性是你的同事知道领导更关心什么，他只不过是把同样的方案换了一种表达顺序，就轻松地得到了认可。这时千万别觉得委屈，要知道，擅长理解对方的需求是一项很重要的生存技能，能掌握这项技能的人，他们的"人际敏感度"都很高，他们可以根据当时的氛围、对方的表情和回应、对话过程中的关注点，再结合过去的经历，来探知对方的心理。千言万语敌不过一句"我懂你"，拥有较高的人际敏感度是精准表达的前提。培养自己的人际敏感度，首先得从换位思考开始，养成对一个问题多角度思考的习惯，从感性的角度去理解人性。

开口之前先想想对方当下最大的目标是什么，他想听到什么、想收获什么，以及他能理解什么。性别不同、年龄不同、身份不同的人，对同一件事的重点会有不同的理解，这是非常正常的。因此，同一个项目需要你向不同的业务部门提协作需求时，你一定要按照对方的理解能力和关注点做拆分。表达者不能挑选听众，相反，是要被听众挑选的。对方内心的重点排序，比我们自己以为的重点更重要。

上述是关于一对一表达的分析。如果是群体沟通，每一个对象之间还有差异，那么我们要做的就是找出他们之间最有交集的部分去优先满足。只有表达的内容符合对方的心理预期，才能吸引对方的注意力。不要急切地专注自己想说什么，而是要先从对方的角度出发，关心他们想听什么。然后考虑怎样把听众想听的内容，以及自己想传达的信息，用听众容易理解和记忆的方式编排出来。

如果你只是一个刚进入职场的小白，或者是刚来到一家新公司，跟同事都不熟，此时该怎样换位思考，找出对方关注的重点呢？有一个特别有效的方法，就是模拟现场。这个方法在刑事侦查中使用得非常普遍，操作方法就是把自己放在对方的时间、地点、场景中去思考分析。举个例子，上班路上你刚好和领导进了同一部电梯，打完招呼之后领导问你某个项目进行得怎么样了。此时你就可以设身处地地分析一下这个情景，领导一看见你就问项目，说明他一直记挂着这件事，但是平常可能比较忙，没有时间叫你去做专项汇报，乘坐电梯这一分钟左右的时间刚好可以了解一下项目进展，因此他的目的只是了解进展，不需要你交代更多的背景和你已经做了什么，你只需要说当下的进度即可。再如，你在理论学习会议要结束的时候被叫上台分享感想和收获，此时大家已经被闷在会议室两个小时了，深感疲惫、无聊。这时即使你有一箩筐的感想，也只能挑几句最提神醒脑的，简短总结一下，才是更受欢迎的做法。

整理语言

01. 随时随地自言自语

当我们找到了对方想听的重点，也拟定了策略，到了最后一关——向外传达——的时候，却容易思维跳跃，陷入混乱，导致效果不如预期。这种策略正确结果却失控的情况，大部分时候是由于整理语言环节的缺失所导致的。任何优秀的想法和思考，如果不用语言表达出来，就等于零。我们通常都认为，把自己的想法表达出来是一件自然而然的事，实际上在交流过程中，自己认为很好懂的话，到了对方那里却常常被误会。比如，你在脑海里构思了一个很好的观点，真正上台时说出来的版本却完全变了形，甚至因为受到压力和情绪的影响，你说出了违背本意的话。太多情侣吵架的案例，都是明明想讲和，最后却说成了分手，这种失控感是很令人沮丧的。

其实不是准备没有用，而是你在准备的过程中缺少了最重要的一环——将想法整理成语言。

如果你平时即兴表达的机会不多，那么推荐你一个非常好上手也是十分见效的训练方式，那就是自言自语。你可以把自己特别想表达的观点，你听来的好故事，别人讲出来的让你有感触的发言，全都用自己的语言再表述一遍。走路的时候、坐车的时候、洗澡的时候、睡前躺在床上的时候，都可以做这个练习。这个练习有两个好处，一是可以训练自己把思考快速转换成语言输出的能力，二是可以随时随地检查自己的口语习惯。人的词汇量不是天生的，而是靠后天积累的。大脑在情急之下，会选择自己用得最熟练的词汇，每天的自言自语练习，可以锻炼语感，丰富词汇量，把触及的素材都内化成自己的语言。

02 去掉语言中的碎词

现在手机中的语音转文字功能非常强大，可以实时传译文字稿，随时用语音记录自己的灵感，特别方便。很多人第一次听自己的微信语音，都觉得太难接受了。除了声音和自己想象的完全不同之外，自己的语音里还有太多琐碎的"嗯嗯啊啊"等无意义的语气词，以及跟字面意思、语法毫无关联的、被错误使用的"然后""但是""可是""这个""那个"。"然后"后面的话根本不是补充，"但是"后面的话也根本不是转折，这几个高频词不过是在情急之下顺口说出来的。

这些琐碎的词语，一是由于紧张或者注意力不集中，被拿来给自己争取更多的思考时间；二是纯粹的口头禅。这些碎词的过分使用会把一句完整的话给割裂，增加听众的理解难度，给听众带来焦虑感，降低你表达的内容的可信度。

要改掉这个毛病，可以先看看自己的语音转成文字的记录，知道自己喜欢用哪些碎词，然后保持警惕，每次想说的时候控制自己，用停顿来代替碎词。去掉无意义的琐碎词，听众才能把注意力聚焦在你表达的实质内容上。这跟健身一样，只有甩掉语言中那些多余的脂肪，肌肉才会显形，你说出来的话才会更有力量。

03 语言要让人一听就懂

语言的沟通功能是大于审美功能的，让人一听就懂才有传达力，接地气的语言更有生命力。组织整理语言的原则是，让人能听懂，而且觉得有道理。能听懂，带来信任；有信任，带来行动。

案例1▼

> 我有个喜欢写诗的文艺女青年同事，她男朋友是个喜欢下厨的医生。有一次他们请我吃饭，她男朋友在厨房挥汗如雨，饭菜端上桌的时候，他特想听到女朋友的赞美。结果我的那个女同事很优雅地说了句："好美味啊！"她男朋友的热情瞬间被浇灭了。洗碗的时候，她男朋友悄悄地问我："你们主持人平常都这么说话吗？她觉得要是好吃，就应该大口大口吃，然后头也不抬地说一句'太香了！再来一碗'，而不是那么优雅、恭维地说'好美味啊'"。这个小故事给了我一个启发，语言要和情境、氛围相匹配，才能发挥打动人心的效果。

这里给大家介绍一个让语言接地气的训练方法，就是尝试和各个阶层的人聊同一个话题，找到不同人群之间的共同兴趣。研究不同人群的说话习惯，找到大家都喜欢的通用词汇，你的语言表达能力就会大大提升。

输出观点

经历了换位思考和整理语言这两个环节后，我们来到了输出观点的环节。输出观点既是把之前两个环节的"内心戏"都表达出来的重要环节，也是影响力落地的关键。这一环节的重点有两个：第一个是先说结论，第二个是只说三点。先说结论可以让对方对你所表达的信息产生充分的掌控感，更加聚焦问题本身。只说三点可以让信息传达更精准高效。

先说结论是违背我们的表达习惯的。我从小被教育要从头开始讲，说清楚来龙去脉，最后揭晓结果。这是一种引人入胜的讲故事的手法。但是在传递信息的过程中，对方会因为想象空间太大，一直处在对信息的不确定当中，如果你的话题涉及一些专业性的细节，就更容易令对方产生难以掌控的感觉了。

案例2▼

> 你逛街时看到一件衣服，你想问老板价格，老板偏不告诉你，还问你是不是诚心想要，然后就一直夸这衣服的面料和工艺。你内心一定在猜测："这老板八成是要宰人的"。还有一种情景在电视剧里经常出现，就是家属焦急地等在手术室外面，医生出来后解释了很多关于抢救和治疗的过程，最后在家属快晕倒的时候告诉家属："我们尽力了。"讲话不先说结论，对听者而言绝对是一种煎熬。

先说结论，既能避免对方擅自解读，又能引导对方主动确认。就像给人一颗定心丸，然后对方会根据你的结论清晰圈定焦点，接着认真听你接下来要讲的原因和解释。提高沟通效率，才能更快达成共识。

但是，如果对说出的结论没有把握，或者结论不是对方想要的，会不会导致对话无法进行下去呢？关于这种情况，可以使用开放式结论，把可能发生的变数也纳入结论的表述。例如，对方询问项目的进度，你就可以说："关于这个项目，我们预计可以在 7 月份启动，目前还受两处不确定因素影响，有可能会延迟到 9 月。"这样对方会更加留意你对原因的解释。

输出观点的第二个关键点是"只说三点"，即尽量将想说的话整理成三个要点。把复杂的信息或者事情概括为三点，既清晰又足够支撑起一个中心思想，同时还能避免越说越长、越说越乱的情况。控制在三个要点，不但不会限制沟通内容，反而有助于你去传达自己想表达的意思。无论是在工作中还是在生活中，每个人的时间都很宝贵，如果讲话冗长又没重点，就会让对方觉得听你讲话很浪费时间，很难让他重视跟你的关系。

练习初期可以借助纸笔，将自己对近期看过的电影的感受归纳成简短的三点，然后跟网上的影评比较，从而锻炼自己归纳重点的能力。除此之外，也可以练习概括对方说话的要点，比如，"您刚才说的就是降低成本，提高销量，还有加强宣传这三个方面，我这样理解对吗？"这样不仅可以锻炼自己的归纳能力，还会让对方觉得他的话被重视了，因而能够取得更好的沟通效果。

如果重点确实很多，超过了三个，该怎么办呢？你可以尝试在所有已经提炼出的重点中合并同类项。

案例3▼

有一位同事在离职的酒会上致辞，他要感谢的人很多，也有一些未尽事宜要交代，于是他在致辞中这样说："我今天想表达两个感谢、三个遗憾,还有一个祝福。"同样是三点三个层次,但是在把同类内容进行提炼之后,即使表达的要点达到了六个,因为分了层次,也依然可以被人清晰地接受。

精准表达不仅可以提升沟通效率,更重要的是可以促进行动发生。精准表达的核心是,以听众的理解能力为起点,以影响力落地为终点。

总结

精准表达就是结论先行,避免对方擅自解读,又能引导对方主动确认。平时我们要学会适应别人的关注点和理解力,培养让人一听就懂的表达力。

小测试

精准表达的三要素是什么?
❶
❷
❸

要点提示

重要观点

(1)在表达的时候,不要急切地专注自己想说什么,而是要先从对方的角度出发,关心他们想听什么。

(2)将想法整理成语言的三个关键:随时随地自言自语、去掉语言中的碎词、语言要让人一听就懂。

高频问题答疑

（1）如何让表达更精准，让听众更好地接收到我的观点？

（2）在练习复述观点给他人时，总是遗漏很多内容，怎样做到用词精准、直抵人心呢？

答案▼

（1）精准表达的目标，是对方能够精准接收。要"以终为始"，在输出的时候就做好规划，以听众的理解能力和记忆能力作为接收标准。要想让听众精准接收到你的观点，最重要的技巧是——要点简单，并多次重复。在控制语言"篇幅"并紧扣主题方面，关键词法非常好用，先围绕主题列出几个关键词，表达的时候用关键词进行串联，逻辑越简单越好，例如"过去……现在……未来……""因为……所以……"。如果是即兴演讲场合，来不及提前准备关键词，还可以使用另一个技巧——适时总结提炼。常用的句式是"总而言之……""一定要记住……"，把你之前下意识说出来的零碎观点进行总结提炼，再给听众传递一次。

（2）要想做到用词精准，首先，要记住对方观点里的高频词，例如，"他的观点是关于效率提升的，具体的观点是……"；其次，要记住对方的态度；最后，要记住对方的行动/建议/方法。在转述给他人时，可以按照这三个层次来拆解。关于如何直抵人心，可以把你要想表达的内容，变成一个既有情节又有细节的故事。但最重要的是，态度一定要诚恳。

课后作业

找一部你喜欢的电影，将它推荐给大家，并向大家分享三点你的感受。别忘记先说结论，也就是你的推荐理由哦！

第21章
共情力——读懂情绪，才能有恰当的话语

加州大学的心理学家阿尔伯特·梅拉宾曾发表过一个统计数据：人类的沟通交流中有高达 93% 的信息是情感的传达。解读情绪比解读信息本身更重要。尤其是在 AI(人工智能)技术被广泛运用的现在，很多岗位被不知疲倦、一键启动的机器人代替了，未来你的人际敏感度、你的共情力……所有这些跟情感连接有关的、人工智能无法取代的能力，才是真正的稀缺价值。共情力绝对是一个包裹着软实力外衣的实打实的硬技能，然而生活中并不是人人都有共情能力。相信你一定遇到过以自我为中心的人，完全抓不到你说话重点的人，喜欢将自己的观点强加给别人以进行道德绑架的人，还有明明说好是来安慰的，却分分钟把你气出"内伤"的人，这些都是缺乏共情力的人。

懂比爱更重要

共情力是指能体会他人内心世界、能感同身受，并且能够把自己的理解和感受传达给对方的能力。这个定义里包含了共情力的三个层次。

（1）听到：明白对方的想法和情绪。

（2）听懂：明白对方为什么会产生这种想法和情绪。

（3）传达：能够把自己的感受以对方可以接受的方式表达出来。

共情，就是解除自己的立场，全然地体会他人的情感。它考验我们能在多大程度上包容一个与自己不同的人，以及有多大的耐心去倾听和了解他人。共情是一种对他人特别有爱的表现，但这种爱不能用力过猛。我们不需要跟对方有完全一样的人生经历才能够共情，也不需要带着像父母对孩子那种饱满浓烈的爱，把对方的事当作自己的事一样着急出主意、讲道理、讲经验，甚至想代劳。太多人把"共情"理解成了同情和介入。其实共情的实质是与他人建立连接。你要收起旁观者和过来人的姿态，只需要告诉对方"我懂你""我此刻跟你在一起"。要做到共情，只要简单的四步就可以：第一接受观点，第二不做评论，第三理解情绪，第四保持沟通。

案例1 ▼

> 有一部卡通片，讲的是一只小狐狸掉进了黑洞里，它很无助地哭喊："我掉进洞里了，这里好黑，我好害怕。"这时来了一只长颈鹿和一头黑熊。长颈鹿站在洞口，说了很多不痛不痒的看似关心、同情和激励的"正确的废话"，而黑熊选择爬下黑洞，陪着小狐狸。
>
> 这个场景是不是似曾相识？再举个例子，你跟朋友倾诉你失恋了，对方大概率会说："谁还没失过恋啊，时间一长就过去了。"也许还会给你灌几口心灵鸡汤："失去了一片树叶，你还拥有整片森林。"再过分一点的人，可能还会抢走话语权，讲自己怎样走出失恋阴影的故事。一定要明白，不是所有的看似求助的行为都是在求解药，对方需要的只是一个懂他的倾听者和陪伴者，接纳他面对失恋时又挫又怂的样子。而你要做的就是，不过多地进行自我表达，将时间和话语权交给对方，要永远记得，懂比爱更重要。你能给的是心理支持，最终要解决问题的那个人是他自己。

每一种情绪都需要直接面对

共情力强的人，会先疏导情绪，再解决问题。因为人在情绪没有得到释放的情况下，通常是没有能力解决问题的。情绪一旦产生，就不会无缘无故自己消失。负面情绪被理解得越精准，消失得就越快。

案例2

> 我曾经参加过一个亲密关系的工作坊，在学习的过程中导师要求学员两两组合，先对视10秒钟再倾听对方的故事。我请和我搭档的女孩先讲述她的故事。在我们对视的过程中，我注意到她的嘴唇紧紧地咬着，还微微地抽动，然后我看到她的眼睛里已经有了泪花。我猜到她接下来要讲述的一定是一个让她多年来都难以释怀的悲伤故事。尽管她还没有开口，我的眼泪就跟着她一块儿掉了下来。我主动拥抱了她，拍了拍她的后背，我说："接下来肯定是一段特别不容易的经历，先抱抱你给你力量。"虽然这只是工作坊中的一个小练习，后来我和这位同学也再没有交集，但我有好几次听到别人的转述，说××同学一直在跟他们说她对我的感激。我想，虽然我和她只是进行了短暂的交流，还不到10分钟，但我收获了难得的别人对我的信赖。如果问我做对了什么，可能就是共情吧。

那么，该如何提高自己的共情力呢？只需要三个步骤。

（1）复述事实。在对方倾诉之后，用自己的语言概括出对方讲的要点。

（2）识别情绪。用语言来表达你听完对方的讲述后内心的感受。

（3）跟对方站在一起。回想一下狐狸和黑熊的故事，像黑熊那样爬下黑洞，告诉他你懂他的悲伤，他不是一个人。

案例3

> 你的同事向你抱怨,领导总要求他加班,他感到疲惫、厌烦。你觉得以下哪种回应更有共情力呢?
>
> A说:"领导嘛,压力大,总要求员工加班,你得多理解。"听上去特别有大局观,好像很有道理的样子。
>
> B说:"唉,真是各有各的难处呀,领导有领导的难处,员工有员工的难处。"听上去比较中肯,两边的心态都有照顾到。
>
> C说:"下班后还经常得加班,真是让人很厌烦,给这样的领导打工真的很辛苦啊,下班后的一点自由都被剥夺了。"
>
> 你觉得哪一种回应会让人感觉更舒服呢?恰恰不是听上去特别正确、特有道理的前两个,对不对?只有C的回答让你有一种被理解和被支持的感觉。

对方想听什么,比你想说什么更重要

做完关于共情力的小练习后,我们再从语言表达的角度,来拆解表达的起点应该是什么。过去我们总专注于自己想说什么、自己应该怎么样说才能更令人信服。现在带着共情思考就会发现,对方想听什么,远远比我们想说什么更重要。我们的一切表达、影响和说服,都要以听众满意为起点。对听众最大的尊重,就是理解和支持听众对某一个主题的真实兴趣,以及他对某一个观点当下的理解程度,然后完全站在听众的角度去思考。听众不需要的

信息，一定不要主动给。在表达过程中，要把注意力从关注自己的外在表现拉回到听众身上，认真观察他们的反应，随时调整策略。我有一个经常使用的方法：每开启一次公共表达之前，我都会想象自己有一双巨大的手臂，可以环抱住全场的每一个人，我确信每一个人我都全然接纳和欣赏，然后再信心满满地开口。

共情力人人都有，只是敏感度各不相同。不过，好在共情力可以通过后天的练习不断提升。为你的共情力"扩大容量"是一件值得终生学习的事。要养成理解情绪和主动反馈感受的习惯，你能接纳和理解多少人，反过来就能得到多少关注和支持。

总结

共情不仅需要我们倾听对方，更重要的是，要观察对方语言之外的特征。当我们观察对方的面部表情、肢体语言和语音语调等特征后，再选择适当的方法回应，对方就会认为我们在认真倾听。如果某人的言语和肢体动作发生冲突，那么永远要相信对方的肢体语言，那才是一个人更深层、更精确的表达。

小测试

（1）共情力包含_____、_____、_____三个层次。

（2）做到共情只需要_____、_____、_____、_____四步。

第 21 章 共情力——读懂情绪，才能有恰当的话语

要点提示

重要观点

（1）情感上的理解更能给人安慰，比任何语言都有用。

（2）语言表达的真相是——影响力的最终达成是由接收者决定的。

（3）读懂别人的情绪，才能有恰当的话语。

高频问题答疑

（1）我该怎么样去描述场景和感受，才能让听众产生共鸣？

（2）如何让表达更加富有情感？

答案▼

（1）在描述场景时，先将你要描述的场景有代入感地还原，仿佛你现在就在那个场景里面一样。那个空间里的环境有什么特点？高低远近、前后左右都是些什么样的景物？能闻到什么气味？例如，你在农村里感受到空气中有泥土和青草的味道，如果是在农牧区的话还能看到远处炊烟袅袅，闻到牛粪的味道。在描述感受时要注意，感受是分很多层次的，要把能识别的、便于传达的感受提取出来，真实还原。对于一些感情色彩比较接近的感受，可以追加一个解释。例如，"我最近经常感到孤独。这种孤独不是只有我一个人的孤单，而是即使很多人在我身边，我依然感到自己是孤独的。"

（2）第一，保持"高浓度"的感受力。回想一下，上一次跟朋友绘声绘色地讲一件特别好玩儿的事情是什么时候？那是一件开心的、感动的事情，还是一件悲伤的或是让你感到愤怒的事情？哪一种感受激发

了你的分享欲望？第二，投入真实情感，你情感投入的状态决定了你的表达效果。这跟演员演戏是一样的，得把台词和剧情理解透，才能演出来，并让别人感受到你的情绪。第三，理解、感受、表达。有情感的表达不是张口就来的，而是建立在对听众情绪充分感知的基础上。把对方的感受放在优先考虑的位置，先理解对方的情绪，再深入感受，最后根据对方的情绪来表达你的观点。

课后作业

分享一个由共情力突破距离感的小故事。